專門用來打好

幾何基礎

勺數學課本

1

財團法人博幼社會福利基金會 著　　李家同/推薦序

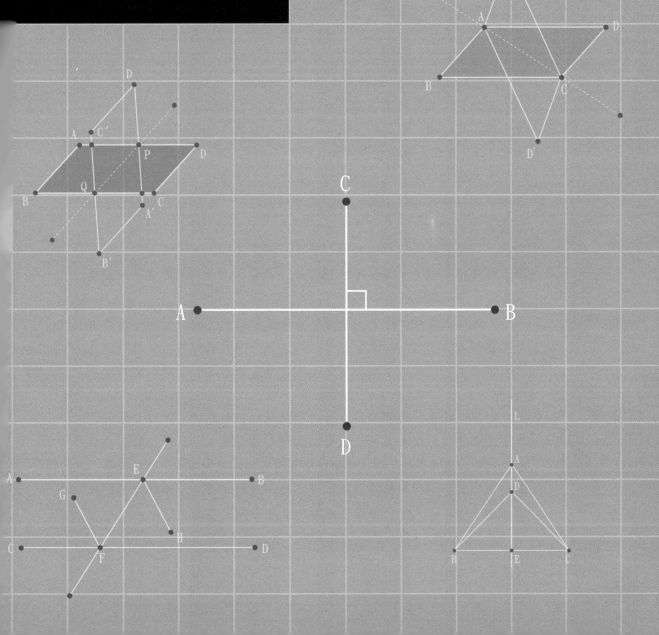

序 | PREFACE

　　因為工作和教會的服事，常需要接觸中學生，指導他們的課業，因為求學時期的資料早已遺失，記憶也已淡忘了，因此一切都得重頭來過，還記得剛開始重新接觸國中幾何時，心中立即浮現一個疑問：現在的教材為何變得如此簡化？

　　我發現我們現在的幾何教科書一開始就教作圖，比方說，教小孩如何平分一個角。我問我的學生，你怎麼知道這樣做就可以平分一個角？他的回答是，他把那個圖剪下來，然後按照平分線來對摺，這樣就可以證明角已經被平分了。

　　我對這件事情極感難過，因為角平分線的原理是根據三角形全等證明而來。我小的時候絕對先學三角形全等，然後再學角平分線，我們當然不是把那個角剪下來，然後再對摺，我們是根據三角形全等的原理，可以證明我們所做的角平分線是正確的。

　　學幾何，其目的不是在於學有關於幾何的證明，而是要學會如何合乎邏輯地證明一個定理。現在我們的考試都不考證明題，所以學生其實是搞不清楚什麼叫做證明的。

　　我在成功中學唸幾何的時候，我記得非常清楚，我的老師一開始就強調幾何不可以做實驗，必須講證明。以後，我深深感覺到當年老師給我有關於幾何的教育，一輩子受用。現在我在教電子線路，我們當然可以做實驗，但是如果要解釋某一個電壓往上升，或者電流往下降，都必須要很合乎邏輯地證明電壓一定會往上升，或者電流一定會往下降，而不能做個實驗了事。

　　因此我在教學上，特別重視基本定理的證明，發現學生一旦理解了定理的證明過程，即使沒有背公式，在解題時也能夠一步步的推算出正確答案。從此，學生在學習上不再是背數學，而是以理解的方式學習。

　　當第一次見到由博幼基金會所編輯的幾何教材時，即認定它就是學生學習幾何所需要的一套教材。為何如此說呢？因為博幼的這套教材乃是藉由邏輯上的思考，來幫助學生從無到有建立起幾何學的概念，教材中的所有定理，都是由基本定義經過證明而得來；博幼教材是依照「點、線、面、體」的順序編輯而成，每個定理都是建立在前一個

定理之上，各章節之間相互連結，其內容環環相扣，一氣呵成。本套教材共分 10 章，分爲四本書出版，教材中明列了國中範圍的 111 個定義、8 個公理以及證明了 157 個定理，凡是中學生所需要學習的幾何知識，在這套教材中全都找的到，而且都有詳細嚴謹的證明過程。

　　仔細看完本書，發現本書中的每一章節都是根據以下三個步驟來進行：

　　第一、基礎的基本定義介紹。

　　第二、利用基本定義來證明定理。

　　第三、將定理應用在幾何例題上。

　　爲了建立學生學習的信心，每章節例題的編排方式都是由淺入深，等學生熟悉基本的題型之後，這才導入綜合的題型，並在每單元的最後引導學生作本章節內容的重點整理歸納，最後再加入歷屆基測考題來增強本教材的實用性。（全書約有 80 種題型、728 個例題、564 個習題以及歷年 112 個基測試題。）

　　因此，在學習上，學生可藉著博幼幾何教材清楚知道每個定理的由來，再以這些定理爲基礎，解決各定理所延伸之種種題型，博幼的幾何教材絕對是最適合中學生學習的一套工具。

　　我敢說，博幼基金會的這一本幾何教科書是目前最完整的幾何教科書，其中有很多基本的教材，也有很難的教材，老師可以從中選擇教材來教。對於聰明的和不太聰明的孩子，這本書都適用。

李家同

本書使用方法

本書中的每一章節都是根據以下三個步驟來進行：

第一、基礎的基本定義介紹

第二、利用基本定義來證明定理

第三、將定理應用在幾何例題上

　　為了建立學生學習的信心，本書每章節例題的編排方式都是由淺入深，學生在了解每個定理的由來之後，可以這些定理為基礎，先練習前面的幾個基本題型，之後才進入綜合的題型，並在學習完一個單元之後，熟記此單元的重點整理歸納，來作歷屆基測考題的練習。最後，可搭配博幼網站上的檢測卷，做為此單元學習成果的測試。

博幼網址：http://www.boyo.org.tw/boyo/geometry/

目錄 | CONTENTS

第一章　幾何的基本元素

　　幾何學是古埃及人為每年尼羅河氾濫之後測量土地界限發展出來的一門科學。自希臘數學家歐基里德（Euclid，歐幾里德約生於公元前 330 年—約卒於公元前 275 年）之後就以一套嚴謹的邏輯方法來敘述幾何學，從一些幾何基本元素定義及幾個公認為正確的公理開始，根據這些公理及定義，逐一證明每一定理，建構成完整的幾何學。

　　幾何學上的一些性質大多可以經由觀察或實驗而歸納出結果，但必須經由證明才能確認其正確性，因為觀察或實驗可能受儀器精密度的因素或因環境的影響產生視差錯覺，導致錯誤結果。例如圖 1 及圖 2 的 $\overline{AB}$ 及 $\overline{CD}$ 是兩條等長的線段，但因為視差的關係，人們會將二線段看成並非等長的線段，所以，幾何的性質不能以觀察或是實驗的結果就認為其性質是正確的，必需經過嚴謹的數學推理證明，才能判斷幾何性質的正確性。

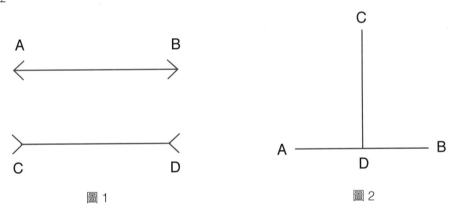

圖 1　　　　　　　　　　　　　　圖 2

數學推理論證有嚴謹的過程，在論證過程中有幾個數學常用的名詞，說明如下：

定義　一些敘述用來解釋一個幾何學的名詞。

公理　基本假設，公認為正確的事實。公理是不需證明也無法證明。

定理　一件事理經過證明為正確的叫做定理。

　　　　定理都可以分為兩部份：

　　　　(1) 假設或已知：已知條件或事項。

　　　　(2) 結論：由已知條件推論導致的結果。

系（推理）　由一個定理可以直接推理得到的定理。

定理證明　由假設或已知的條件，根據定義、公理或已經證明的定理，逐步推論到結論為止，這個推論過程就是定理的證明。

1.1 節　點與線

幾何學有幾個最基本的元素,我們將陸陸續續地在本章介紹這些元素,在這一節,我們要介紹的是點與線。

定義 1.1-1

點

點只有位置,沒有長度,寬度及厚度。

定義 1.1-2

線

線有位置及長度,但無寬度及厚度。

定義 1.1-3

直線

兩端可以無限延長的線叫做直線。有時為簡化起見,直線也可簡稱為線。

如圖1.1-1中,A、B兩端都可無限延長,以 $\overleftrightarrow{AB}$ 表示直線。

定義 1.1-4

射線

一端可以無限延長的線叫做射線。

如圖1.1-1中,C點端固定、D點端可無限延長,以 $\overrightarrow{CD}$ 表示射線。

定義 1.1-5

線段

有兩個端點的線叫做線段。

如圖1.1-1中,$\overline{EF}$ 為線段,此線段的兩端點是E和F,故此線段用 $\overline{EF}$ 表示。

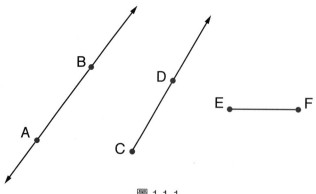

圖 1.1-1

定義 1.1-6

共線

若有幾個點都在同一直線上，則稱這些點共線。

如圖1.1-2中的A、B、C三點共線，圖1.1-3中的A、B、C三點不共線。

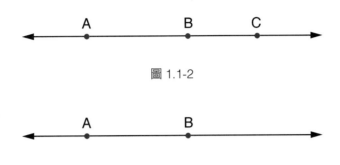

圖 1.1-2

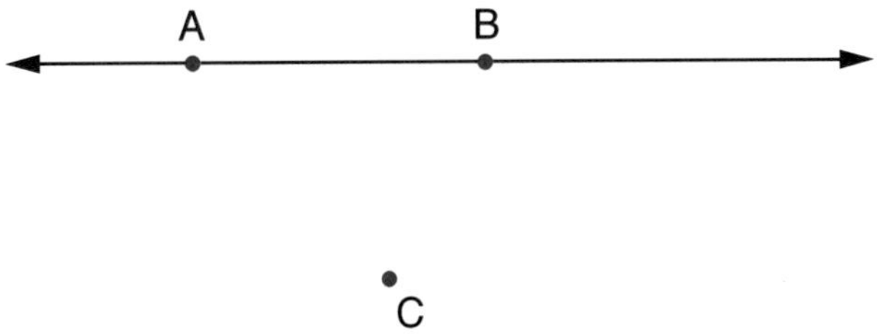

A　　　　　　B

圖 1.1-3

定義 1.1-7

折線

由幾個線段組成的線稱為折線。

圖1.1-4中顯示的為折線。

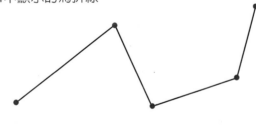

圖 1.1-4

定義 1.1-8

曲線

彎曲的線叫做曲線。

圖1.1-5中顯示的為曲線。

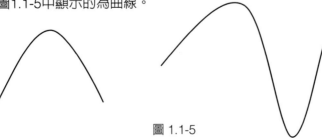

圖 1.1-5

定義 1.1-9

兩點間的距離

如果線段兩端是A和B,則 $\overline{AB}$ 的長度就是A和B間的距離。

定義 1.1-10

平面

面有位置且有長度與寬度,但沒有厚度。

面分為平面與曲面兩種,平坦的面為平面,不是平面的為曲面。

定義 1.1-11

立體

有位置有長度有寬度且有厚度的為立體,簡稱為體。

例如圖1.1-6中,桌子的桌面為平面,桌子則是立體圖。玻璃杯的表面為曲面,玻璃杯是立體圖。

圖 1.1-6

例題 1.1-1

(1) 線段AB記為＿＿＿＿＿＿,直線AB記為＿＿＿＿＿＿。

(2) 沿著線段向一個端點外延伸出去的線稱為＿＿＿＿＿＿

 想法　兩個點可以決定的線有:

1. 兩端可以無限延長的線叫做直線

2. 一端可以無限延長的線叫做射線

3. 有兩個端點的線叫做線段

 解　(1) 線段AB記為 $\overline{AB}$,直線AB記為 $\overleftrightarrow{AB}$。

(2) 沿著線段向一個端點外延伸出去的線稱為射線。

例題 **1.1-2**

如圖1.1-7，已知平面上A、B、C、D四點，畫出$\overline{AB}$、$\overrightarrow{BD}$、$\overleftrightarrow{DC}$、$\overrightarrow{CA}$。

A

B

C

D

圖 1.1-7

 想法　兩個點可以決定的線有：

1. 兩端可以無限延長的線叫做直線

2. 一端可以無限延長的線叫做射線

3. 有兩個端點的線叫做線段

 解

$\overline{AB}$：兩端為A點與B點的線段

$\overrightarrow{BD}$：由B點往D點方向的射線

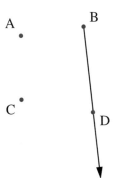

$\overleftrightarrow{DC}$：通過D點與C點的直線

$\overrightarrow{CA}$：由C點往A點方向的射線

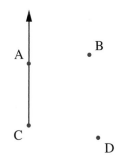

例題 1.1-3

如圖1.1-8，一線段上有A、B、C、D四點，則此圖形中可找出_____條相異的線段。

圖 1.1-8

 兩線段的兩個端點若不相同就是相異線段。

 如圖1.1-8所示，可以畫出$\overline{AB}$、$\overline{AC}$、$\overline{AD}$、$\overline{BC}$、$\overline{BD}$、$\overline{CD}$共6條相異線段。

例題 1.1-4

如圖1.1-9，方形ABDC的兩對角線交於E點，則A、B、C、D、E五點共可畫出_____條相異直線，_____條線段。

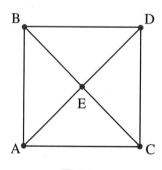

圖 1.1-9

 兩個點可以決定的線有：

1. 兩端可以無限延長的線叫做直線
2. 一端可以無限延長的線叫做射線
3. 有兩個端點的線叫做線段

 如圖1.1-9所示，可畫出$\overleftrightarrow{AB}$、$\overleftrightarrow{AC}$、$\overleftrightarrow{AD}$、$\overleftrightarrow{BC}$、$\overleftrightarrow{BD}$、$\overleftrightarrow{CD}$共6條相異直線。
可畫出$\overline{AB}$、$\overline{AC}$、$\overline{AD}$、$\overline{AE}$、$\overline{BC}$、$\overline{BD}$、$\overline{BE}$、$\overline{CD}$、$\overline{CE}$、$\overline{DE}$共10個線段。

例題 1.1-5

如圖1.1-10，將 $\overline{AB}$ 、$\overline{PQ}$ 分別對應到刻度尺上，已知對應於A、B、P、Q
四點的刻度分別為3.8、7.4、4.7、8.5，則 $\overline{AB}=$ _____，$\overline{PQ}=$ _____。

想法　線段的長度就是兩端點間的距離

解

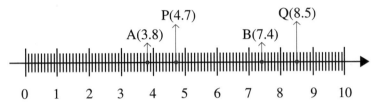

圖 1.1-10

如圖1.1-10所示，$\overline{AB}=7.4-3.8=3.6$ 單位

$\overline{PQ}=8.5-4.7=3.8$ 單位

例題 1.1-6

如圖1.1-11，已知 $\overline{AB}=3$ 公分，若拿一把有刻度的尺，將端點A對齊2.0
公分的位置，則B點所對的刻度為_____。

想法　線段的長度就是兩端點間的距離

解

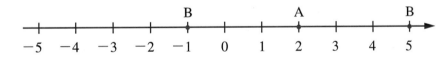

圖 1.1-11

如圖1.1-11所示，若B點在A點的右邊，則B點的刻度為5

若B點在A點的左邊，則B點的刻度為−1

例題 1.1-7

在同一平面上，將 $\overline{AB}$ 移到 $\overline{CD}$ 上，使得兩端點B、D重疊。若A點落在C、D兩點之間，則下列敘述何者正確？＿＿＿＿＿＿

(A) $\overline{AB} > \overline{CD}$ (B) $\overline{AB} < \overline{CD}$

(C) $\overline{AB} = \overline{CD}$ (D) $\overline{AB}$、$\overline{CD}$ 無法比較大小

 線段的長度就是兩端點間的距離

 如圖1.1-12所示，所以 $\overline{AB} < \overline{CD}$，所以本題選(B)

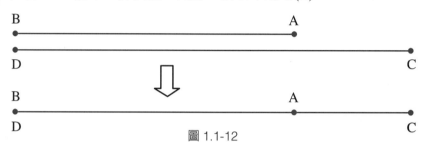

圖 1.1-12

例題 1.1-8

已知 $\overline{AB} > \overline{CD}$，若將 $\overline{AB}$ 移到 $\overline{CD}$ 上，使得兩端點A、C重疊，則下列敘述何者正確？＿＿＿＿＿＿

(A) B點落在C點與D點之外   (B) B點落在C點與D點之間

(C) B點落在D點上   (D) 無法判斷

 線段的長度就是兩端點間的距離

 如圖1.1-13所示，所以B點落在C點與D點之外，因此本題選(A)

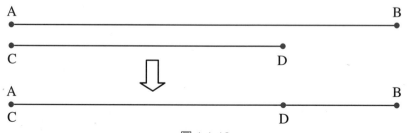

圖 1.1-13

 習題 1-1

習題 1.1-1 點的長度是多少？

習題 1.1-2 什麼是直線？

習題 1.1-3 什麼是射線？

習題 1.1-4 什麼是線段？

習題 1.1-5 直線可否無限延長？

習題 1.1-6 什麼是曲線？

習題 1.1-7 什麼是兩點間的距離？

習題 1.1-8 試畫出距離為 12 公分之兩點。

習題 1.1-9　直將 $\overline{AB}$、$\overline{PQ}$ 分別對應到刻度尺上，已知對應於 A、B、P、Q 四點的刻度分別為 3.5、8.4、4.3、8.9，則 $\overline{AB}$ = ＿＿＿，$\overline{PQ}$ = ＿＿＿。

習題 1.1-10　已知 $\overline{AB}$ = 10 公分，若拿一把有刻度的尺，將端點 A 對齊 2.0 公分的位置，則 B 點所對的刻度為＿＿＿＿＿。

1.2節　角

<table>
<tr><td>定義
1.2-1</td><td></td></tr>
</table>

角

自一點畫兩線段所造成的圖形叫做角，如圖1.2-1所示

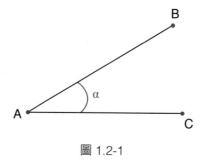

圖 1.2-1

以圖1.2-1的角為例，我們稱此角為∠BAC或∠CAB，有時我們也可以用單一的符號來表示，如∠α，點A稱為此角的頂點，$\overline{AB}$ 及 $\overline{AC}$ 為角的兩邊。

角是有大小的，如圖1.2-2所示，∠BAD＞∠CAB，我們也可以說 ∠α＞∠β。

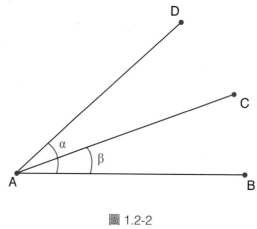

圖 1.2-2

角既然有大小，就可以相加，以圖1.2-2中之角為例，∠BAD＝∠BAC＋∠CAD。角可以相加，當然也可以相減，以圖1.2-2為例，∠CAD＝∠BAD－∠BAC。

定義
1.2-2

角平分線

將一個角分成兩個相等角的線叫做該角的平分線。

以圖1.2-3為例，$\overline{AC}$ 為∠BAD的角平分線，

∠BAC=∠CAD=$\dfrac{1}{2}$∠BAD。

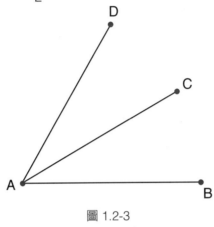

圖 1.2-3

定義
1.2-3

平角

如角的兩邊合成一條直線，則此角為平角，如圖1.2-4所示，∠BAC為平角。

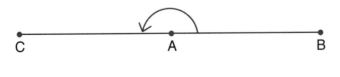

圖 1.2-4

定義
1.2-4

周角

如角的兩邊重合，則此角為周角，如圖1.2-5中之∠ABA即為一周角。

圖 1.2-5

定義 1.2 5

直角

等於平角 半的角為直角，如圖 1.2-6中之 ∠CBA即為一直角。

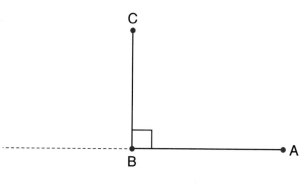

圖 1.2-6

直角是幾何學上的重要元素，我們常用一種特別的符號來代表它，圖1.2-6中∠CBA的符號，就是常用的直角符號。

定義 1.2-6

角的單位

一個周角可以分為360個相等的單位，每一個單位為一度，我們用1° 來表示一度。一度分為60等分，每等分為1分，用1'來表示。再將一分分為60等分，每等分為1秒，用1"來表示。例如12度45分52秒記為 12°45'52"。

因此周角的大小是360°，平角是180°，直角是90°。如圖1.2-7所示。

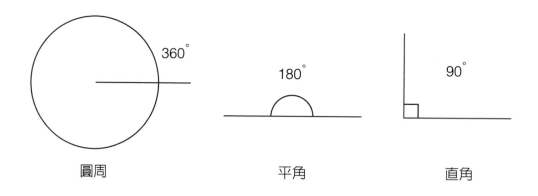

圓周　　　　　　平角　　　　　　直角

圖 1.2-7

定義 1.2-7

銳角

小於90°的角叫做銳角。（0°＜銳角＜90°）

定義 1.2-8

鈍角

大於90°的角叫做鈍角。（90°＜鈍角＜180°）

圖1.2-8顯示銳角與鈍角的例子。

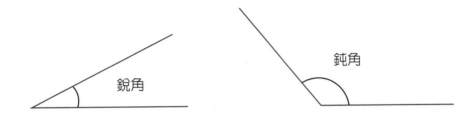

圖 1.2-8

定義 1.2-9

劣角

小於平角的角，叫做劣角。（0°＜劣角＜180°）

定義 1.2-10

優角

大於平角的角，叫做優角。（180°＜優角＜360°）

圖1.2-9顯示劣角與優角的例子。

圖 1.2-9

一般說來，我們所稱的角都是劣角，如果要用優角，一定會事先作特別聲明。

量角器

量角器（如圖1.2-10）是我們用來度量角度大小的工具。

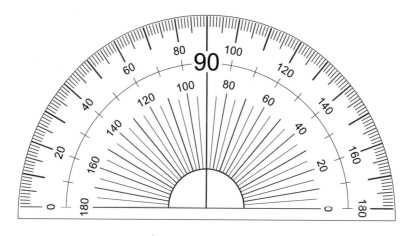

圖 1.2-10 量角器

量角器的用法

如圖1.2-11，將量角器的中心點對準角的頂點，角的一邊對準量角器0度的線，角的另一邊所對之量角器上的度數即為該角的度數，如1.2-11圖上之角的度數為45°。

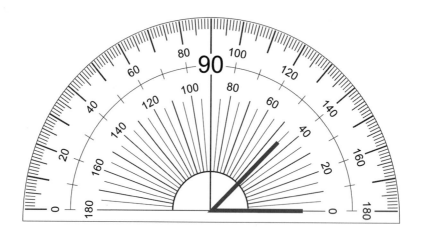

圖 1.2-11

例題 **1.2-1**

試用量角器量出圖1.2-12中，∠ABC、∠BAC、∠ACB各角的度數。

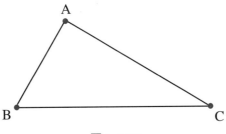

圖 1.2-12

 想法 利用量角器測量角度

 解 ∠ABC＝60°，∠BAC＝90°，∠ACB＝30°。

例題 **1.2-2**

比較∠ABC與∠EFG的大小時，將∠ABC移到∠EFG上，使得兩頂點B、F重疊，兩邊$\overline{BC}$、$\overline{FG}$重疊，若$\overline{FE}$落在∠ABC的兩邊之內，則下列敘述何者正確？

(A)∠ABC＞∠EFG　　(B)∠ABC＜∠EFG

(C)∠ABC＝∠EFG　　(D)∠ABC、∠EFG無法比較大小

 想法 比較角度的大小

解

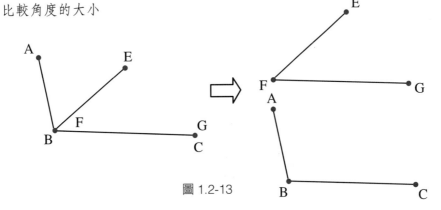

圖 1.2-13

如圖1.2-13所示，∠ABC＞∠EFG，答案選(A)

例題 1.2-3

在下列的空格中填入銳角、鈍角、直角或平角：

(1)若∠A＝90°，則稱∠A是_____。

(2)若0°＜∠A＜90°，則稱∠A是_____。

(3)若90°＜∠A＜180°，則稱∠A是_____。

(4)若∠A＝180°，則稱∠A是_____。

 想法

角的判別方式有

1. 大於0°且小於90°的角叫做銳角

2. 大於90°且小於180°的角叫做鈍角

3. 直角等於90°

4. 平角為180°

 解

敘述	理由
(1)若∠A＝90°，則稱∠A是直角	直角定義
(2)若0°＜∠A＜90°，則稱∠A是銳角	銳角定義
(3)若90°＜∠A＜180°，則稱∠A是鈍角	鈍角定義
(4)若∠A＝180°，則稱∠A是平角	平角定義

例題 1.2-4

若∠A為銳角，∠B為鈍角，則∠A_____∠B。（填＞、＝、＜）

 想法

角的判別方式有

1. 大於0°且小於90°的角叫做銳角

2. 大於90°且小於180°的角叫做鈍角

 解

敘述	理由
(1) 0°＜∠A＜90°	已知∠A為銳角
(2) 90°＜∠B＜180°	已知∠B為鈍角
(3)∠A＜∠B	由(1) & (2) 遞移律

例題 **1.2-5**

如圖1.2-14，在12小時制的鐘面上，9點30分的時候，分針和時針所夾的角為_____。（填銳角、直角、鈍角）

圖 1.2-14

角的判別方式有

1.大於0°且小於90°的角叫做銳角

2.大於90°且小於180°的角叫做鈍角

3.直角等於90°

4.平角為180°

敘　述	理　由
(1) 9點到10點的角度為30°	周角為360°& 如圖1.2-14，360°÷12格＝30°
(2) 9點到9點半的角度為15°	如圖1.2-14所示，30°÷2＝15°
(3) 6點到9點為90°	如圖1.2-14所示，30°×3格＝90°
(4) 9點半分針和時針夾角105°	由(2)＋(3)得 90°＋15°＝105°
(5) 9點半分針和時針夾角為鈍角	大於90°且小於180°的角叫做鈍角& 90°＜105°＜180°

例題 1.2-6

如圖1.2-15，∠AOD＝90°、∠BOE＝90°，則圖1.2-15中共有_____個銳角。

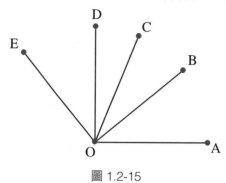

圖 1.2-15

角的判別方式有

1. 大於0°且小於90°的角叫做銳角

2. 大於90°且小於180°的角叫做鈍角

3. 直角等於90°

4. 平角為180°

5. 周角360°

敘述	理由
(1)∠AOB為銳角	0°＜∠AOB＜90° & 大於0°且小於90°的角叫做銳角
(2)∠AOC為銳角	0°＜∠AOC＜90° & 大於0°且小於90°的角叫做銳角
(3)∠AOD為直角	已知∠AOD＝90° & 直角定義
(4)∠AOE為鈍角	90°＜∠AOE＜180° & 大於90°且小於180°的角叫做鈍角
(5)∠BOC為銳角	0°＜∠BOC＜90° & 大於0°且小於90°的角叫做銳角
(6)∠BOD為銳角	0°＜∠BOD＜90° & 大於0°且小於90°的角叫做銳角
(7)∠BOE為直角	已知∠BOE＝90° & 直角定義
(8)∠COD為銳角	0°＜∠COD＜90° & 大於0°且小於90°的角叫做銳角
(9)∠COE為銳角	0°＜∠COE＜90° & 大於0°且小於90°的角叫做銳角
(10)∠DOE為銳角	0°＜∠DOE＜90° & 大於0°且小於90°的角叫做銳角
(11)共7個銳角	敘述(1)~(10)

習題 1-2

習題 1.2-1　平角為多少度？

習題 1.2-2　直角為多少度？

習題 1.2-3　周角為多少度？

習題 1.2-4　什麼是銳角？

習題 1.2-5 什麼是鈍角？

習題 1.2-6 什麼是劣角？

習題 1.2-7 什麼是優角？

習題 1.2-8 用量角器畫出以下各角度：
(a)45° (b)75° (c) 90° (d) 135° (e) 150°

習題 1.2-9　　如圖 1.2-16，∠CAB + ∠CAD = ？

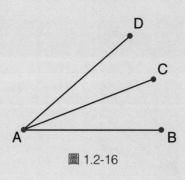

圖 1.2-16

習題 1.2-10　　3 點時，時鐘的時針與分針所成的角度為幾度？

習題 1.2-11　　4 點 30 分，時鐘的時針與分針所成的角度為幾度？

習題 1.2-12　　10 點 10 分，時鐘的時針與分針所成的角度為幾度？

習題 1.2-13　圖 1.2-17 中共有＿＿＿＿＿＿個銳角。

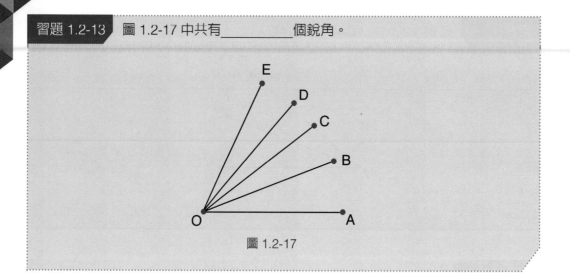

圖 1.2-17

1.3 節　角與角之間的關係

定義
1.3-1

餘角

若兩角之和為直角，則此兩角互為餘角。

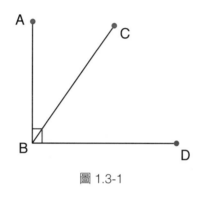

圖 1.3-1

如圖1.3-1所示，∠ABC和∠CBD互為餘角。

例題 **1.3-1**

若∠EFG和∠GFH互為餘角，∠EFG＝35°20`，則∠GFH為幾度？

想法

互為餘角的兩個角，其和為90°

解

敘述	理由
(1)∠EFG和∠GFH互為餘角	已知
(2)∠EFG＋∠GFH＝90°	餘角定義
(3)∠GFH＝90°－∠EFG＝90°－35°20`＝54°40`	已知∠EFG＝3°20` & (1)

定義 1.3-2

補角

若兩角之和為平角，則此兩角互為補角。

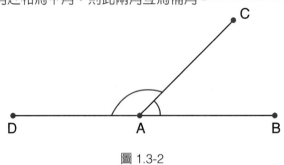

圖 1.3-2

如圖1.3-2所示，∠BAC和∠CAD互為補角。

例題 1.3-2

已知∠A＝138°，且∠B與∠A互補，求∠B。

 想法　互為補角的兩個角，其和為180°

 解

敘述	理由
(1) ∠B＋∠A＝180°	已知∠B與∠A互補 & 補角定義
(2) ∠B＋138°＝180°	將已知∠A＝138°代入(1)
(3) ∠B＝180°－138°＝42°	由(2) 等量減法公理

例題 **1.3-3**

在下列的空格中填入銳角、直角或鈍角：

(1) 與_____互補的是直角，

(2) 與_____互補的是鈍角，

(3) 與_____互補的是銳角。

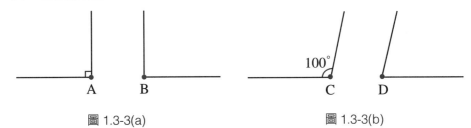

圖 1.3-3(a)　　　　　　　　圖 1.3-3(b)

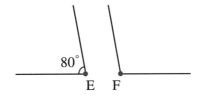

圖 1.3-3(c)

(1) 角的判別方式有

　　1.大於0°且小於90°的角叫做銳角

　　2.大於90°且小於180°的角叫做鈍角

　　3.直角等於90°

　　4.平角為180°

　　5.周角360°

(2) 互為補角的兩個角，其和為180°

敘述	理由
(1) 如圖1.3-3(a)，假設∠A與∠B互補，且∠A為直角＝90°	假設
(2) ∠A＋∠B＝180°	由(1) & 補角定義
(3) ∠B＝180°－∠A 　　＝180°－90°＝90°	由(2) 等量減法公理 & (1) 假設∠A＝90°

(4) ∠B為直角	由(3) ∠B＝90° ＆ 直角定義
(5) 所以與直角∠B互補的是直角∠A	由(1) ＆ (2) ＆ (3) ＆ (4)
(6) 如圖1.3-3(b)，假設∠C與∠D互補，且 ∠C為鈍角＝100°	假設
(7) ∠C＋∠D＝180°	由(6) ＆ 補角定義
(8) ∠D＝180°－∠C ＝180°－100°＝80°	由(7) 等量減法公理 ＆ (6)假設∠C＝100°
(9) ∠D為銳角	由(8) ∠D＝80° ＆ 銳角定義
(10) 所以與銳角∠D互補的是鈍角∠C	由(6) ＆ (7) ＆ (8) ＆ (9)
(11) 如圖1.3-3(c)，假設∠E與∠F互補，且 ∠E為銳角＝80°	假設
(12) ∠E＋∠F＝180°	由(11) ＆ 補角定義
(13) ∠F＝180°－∠E ＝180°－80°＝100°	由(12) 等量減法公理 ＆ (11)假設∠E＝80°
(14) ∠F為鈍角	由(13) ∠F＝100°＆ 鈍角定義
(15) 所以與鈍角∠F互補的是銳角∠E	由(11) ＆ (12) ＆ (13) ＆ (14)

定義
1.3-3

共軛角

若兩角之和為周角，則此兩角互為共軛角。

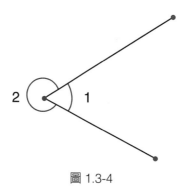

圖 1.3-4

如圖1.3-4所示，∠1和∠2互為共軛角。

例題 **1.3-4**

已知∠A＝150°，且∠B與∠A互為共軛角，求∠B。

 想法

互為共軛角的兩個角，其和為360°

 解

敘　述	理　由
(1) ∠B＋∠A＝360°	已知∠B與∠A互為共軛角 & 共軛角定義
(2) ∠B＋150°＝360°	將已知∠A＝150°代入(1)
(3) ∠B＝360°－150°＝210°	由(2) 等量減法公理

定義
1.3-4

鄰角
如兩角共用同一頂點及一條線，則此兩角互為鄰角。

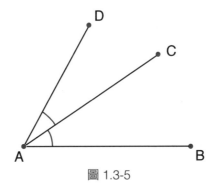

圖 1.3-5

如圖1.3-5所示，∠BAC和∠CAD互為鄰角。

定義
1.3-5

對頂角
兩條直線如相交於一點，必定形成四個角，其中每一對相對的角互為對頂角。

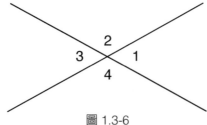

圖 1.3-6

如圖1.3-6所示，∠1和∠3互為對頂角，∠2和∠4也互為對頂角。

例題 1.3-5

如圖1.3-7，L、M、N交於一點，則圖中共有_____組對頂角。

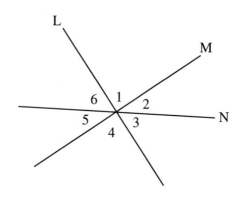

圖 1.3-7

想法 兩條直線相交於一點，必形成四個角，其中每一對相對的角互為對頂角

解

敘述	理由
(1) ∠1與∠4互為對頂角	L、M交於一點
(2) ∠2與∠5互為對頂角	M、N交於一點
(3) ∠3與∠6互為對頂角	L、N交於一點
(4) ∠1＋∠2與∠4＋∠5互為對頂角	L、N交於一點
(5) ∠1＋∠6與∠4＋∠3互為對頂角	M、N交於一點
(6) ∠2＋∠3與∠5＋∠6互為對頂角	L、M交於一點
(7) 所以共有6組對頂角	由(1)～(6)

例題 1.3-6

如圖1.3-8，$\overleftrightarrow{AB}$、$\overleftrightarrow{DC}$ 交於一點E，且∠AEC＝50°，則∠BED＝＿＿＿度。

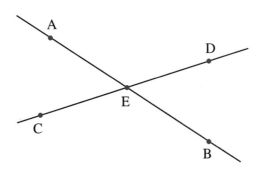

圖 1.3-8

平角為180°

敘述	理由
(1)∠AEC＋∠AED＝180°	如圖1.3-8，∠AEC＋∠AED為平角180°
(2)∠AED＝180°－∠AEC 　　　＝180°－50° 　　　＝130°	由(1) 等量減法公理 & 已知∠AEC＝50°
(3)∠AED＋∠BED＝180°	如圖1.3-8，∠AED＋∠BED為平角180°
(4)∠BED＝180°－∠AED 　　　＝180°－130° 　　　＝50°	由(3) 等量減法公理 & 由(2) ∠AED＝130°

定義 1.3-6

等角

兩個角的角度大小一樣，則稱此兩角為等角。

各位同學,介紹完角的定義,現在就讓我們一起來練習有關角的例題。

例題 1.3-7

已知∠A＝70°,且∠B和∠A互餘,則∠B＝_____度。

想法 互為餘角的兩個角,其和為90°

解

敘述	理由
(1)∠A＋∠B＝90°	已知∠B和∠A互餘 & 餘角定義
(2)∠B＝90°－∠A 　　＝90°－70° 　　＝20°	由(1) 等量減法公理 & 已知∠A＝70°
(3)∠B＝20°	由(2)

例題 1.3-8

已知∠A和∠B互餘,若∠B＝(45＋b)°,求∠A。(以b的式子表示)

想法 互為餘角的兩個角,其和為90°

解

敘述	理由
(1)∠A＋∠B＝90°	已知∠A與∠B互餘 & 餘角定義
(2)∠A＝90°－∠B 　　＝90°－(45＋b)° 　　＝90°－45°－b° 　　＝45°－b°	由(1) 等量減法公理 & 已知∠B＝(45＋b)°
(3)∠A＝45°－b°	由(2)

例題 1.3-9

若∠A與∠B互補，∠B與∠C互補，且∠A＝96.7°，求∠C。

想法　互為補角的兩個角，其和為180°

解

敘述	理由
(1)∠A＋∠B＝180°	已知∠A與∠B互補 & 補角定義
(2)∠B＝180°－∠A 　　＝180°－96.7° 　　＝83.3°	由(1) 等量減法公理 & 已知∠A＝96.7°
(3)∠B＋∠C＝180°	已知∠B與∠C互補 & 補角定義
(4)∠C＝180°－∠B 　　＝180°－83.3° 　　＝96.7°	由(3) 等量減法公理 & (2)∠B＝83.3° 已證
(5)∠C＝96.7°	由(4)

例題 1.3-10

若∠A與∠B互補，∠B與∠C互補，求∠A－∠C。

想法　互為補角的兩個角，其和為180°

解

敘述	理由
(1)∠A＋∠B＝180°	已知∠A與∠B互補 & 補角定義
(2)∠B＋∠C＝180°	已知∠B與∠C互補 & 補角定義
(3)∠A－∠C＝180°－180°＝0°	由(1)－(2)
(4)所以∠A－∠C＝0°	由(3)

例題 1.3-11

若∠A的補角的2倍比∠A的4倍多36°，求∠A。

 想法　互為補角的兩個角，其和為180°

 解

敘述	理由
(1)∠A的補角的2倍＝2（180°－∠A）	補角的定義
(2)∠A的4倍多36°＝4∠A＋36°	已知
(3) 2（180°－∠A）＝4∠A＋36°	由(1)＆(2)＆已知 ∠A的補角的2倍比∠A的4倍多36°
(4) 360°－2∠A＝4∠A＋36° 　　324°＝6∠A 　　54°＝∠A	由(3) 解一元一次方程式
(5)∠A＝54°	由(4)

例題 1.3-12

$\frac{1}{3}$直角的餘角是幾度？它的補角是幾度？

 想法　(1) 互為餘角的兩個角，其和為90°
　　　　(2) 互為補角的兩個角，其和為180°

 解

敘述	理由
(1) 設此角為A，則A＝$\frac{1}{3}$直角＝$\frac{1}{3}$（90°） 　　　　＝30°。	假設及直角定義
(2)A角的餘角＝90°－A＝90°－30°＝60°	由(1) A＝30°＆餘角定義
(3)A角的補角＝180°－A＝180°－30°＝150°	由(1) A＝30°＆補角定義

例題 1.3-13

若∠A與∠B互補，∠B與∠C互餘，求∠A－∠C。

想法 (1) 互為餘角的兩個角，其和為90°

(2) 互為補角的兩個角，其和為180°

解

敘述	理由
(1)∠A＋∠B＝180°	已知∠A與∠B互補 & 補角定義
(2)∠B＋∠C＝90°	已知∠B與∠C互餘 & 餘角定義
(3)∠A－∠C＝180°－90°＝90°	由(1)－(2)
(4)∠A－∠C＝90°	由(3)

例題 1.3-14

若∠A與∠B互補，∠B與∠C互餘，且∠A＝100°，求∠C。

想法 (1) 互為餘角的兩個角，其和為90°

(2) 互為補角的兩個角，其和為180°

解

敘述	理由
(1)∠A＋∠B＝180°	已知∠A與∠B互補 & 補角定義
(2)∠B＝180°－∠A 　　＝180°－100° 　　＝80°	由(1) 等量減法公理 & 已知∠A＝100°
(3)∠B＋∠C＝90°	已知∠B與∠C互餘 & 餘角定義
(4)∠C＝90°－∠B 　　＝90°－80° 　　＝10°	由(3) 等量減法公理 & (2) ∠B＝80° 已證
(5)∠C＝10°	由(4)

例題 1.3-15

已知∠A與∠B互餘，∠B與∠C互補，若∠A＝50°，則∠C＝_____度。

想法

(1) 互為餘角的兩個角，其和為90°

(2) 互為補角的兩個角，其和為180°

解

敘述	理由
(1)∠A＋∠B＝90°	已知∠A與∠B互餘 & 餘角定義
(2)∠B＝90°－∠A 　　＝90°－50° 　　＝40°	由(1) 等量減法公理 & 已知∠A＝50°
(3)∠B＋∠C＝180°	已知∠B與∠C互補 & 補角定義
(4)∠C＝180°－∠B 　　＝180°－40° 　　＝140°	由(3) 等量減法公理 & (2) ∠B＝40° 已證
(5)∠C＝140°	由(4)

例題 1.3-16

想法

若∠1與∠2互為補角，且∠1的餘角為 (45－x)°，∠2＝8x°，求x＝？

(1) 互為餘角的兩個角，其和為90°

(2) 互為補角的兩個角，其和為180°

解

敘述	理由
(1)∠1＋∠2＝180°	已知∠1與∠2互補 & 補角定義
(2)∠1的餘角＝90°－∠1＝ (45－x)°	已知∠1的餘角為 (45－x)° & 餘角定義
(3)∠1＝90°－ (45－x)°＝45°＋x°	由(2) 移項
(4)45°＋x°＋∠2＝180°	將(3) ∠1＝45°＋x° 代入(1)
(5)45°＋x°＋8x°＝180° 　　　　9x°＝135° 　　　　x＝15	將已知 ∠2＝8x° 代入 (4) & 解一元一次方程式

例題 1.3-17

∠A的補角和∠B的餘角度數相同，已知∠A＝143°，求∠B。

想法

(1) 互為餘角的兩個角，其和為90°
(2) 互為補角的兩個角，其和為180°

解

敘述	理由
(1)∠A的補角＝180°－143°＝37°	已知∠A＝143°＆補角定義
(2)∠B的餘角度數＝90°－∠B	餘角定義
(3) 37°＝90°－∠B	已知∠A的補角和∠B的餘角度數相同
(4)∠B＝90°－37°＝53°	由(3)移項

例題 1.3-18

設一角的餘角與補角的和，比其餘角的四倍少25°，求此角。

想法

(1) 互為餘角的兩個角，其和為90°
(2) 互為補角的兩個角，其和為180°

解

敘述	理由
(1)設此角為∠A	假設
(2)∠A的餘角＝90°－∠A	由(1)＆餘角定義
(3)∠A的補角＝180°－A	由(1)＆補角定義
(4)（90°－∠A）＋（180°－∠A）＝4×（90°－∠A）－25°	已知設一角的餘角與補角的和，比其餘角的四倍少25°
(5) 270°－2∠A＝360°－4∠A－25° 4∠A－2∠A＝360°－25°－270° 2∠A＝65° ∠A＝32.5°	由(4)解一元一次方程式

幾何證明的要領

1.　　個幾何問題有時並不一定會直接寫出問題的已知條件及要求證的事項，所以首先要依題意寫出

    (1)已知或假設的條件。

    (2)要求證的事項。

2. 依題意畫出其圖形，圖形畫愈精準對解題愈有幫助。

3. 解析問題，思考由已知條件推論到結論的過程步驟。通常可以從結論逆推，看結論要成立應先知道何種事項，逐步推導至符合假設條件。

4. 證明問題，根據解析問題的結果，由假設或已知事項，逐步推導到結論為止，每一步驟都是根據定義、公理或已經證明的定理，證明分敘述與理由二項，左邊寫敘述，右邊寫理由。

本書的證明都遵照上述證明的要領，請看以下的例子。

例題 1.3-19

若二鄰角的平分線成45°角，試證此兩鄰角必互為餘角。

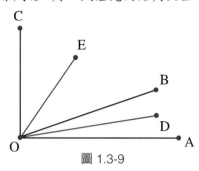

圖 1.3-9

 已知

∠AOB與∠BOC相鄰，$\overline{OD}$為∠AOB的角平分線，$\overline{OE}$為∠BOC的角平分線，∠DOE=45°，如圖1.3-9。

 求證

∠AOB與∠BOC互為餘角。

想法

∠AOB與∠BOC互為餘角（即∠AOB＋∠BOC＝90°），而∠DOE＝45°，所以只要證明（∠AOB＋∠BOC）是∠DOE的兩倍即可。

證明

敘述	理由
(1)∠AOD＝∠BOD	已知$\overline{OD}$為∠AOB的角平分線 & 角平分線定義
(2)∠AOB＝∠AOD＋∠BOD	如圖1.3-9所示 & 合角為分角和
(3)∠AOB＝∠BOD＋∠BOD＝2∠BOD	將(1)∠AOD＝∠BOD代入(2)
(4)∠BOC＝2∠BOE	由(1)~(3)，同理可證
(5)∠BOD＋∠BOE＝∠DOE＝45°	如圖1.3-9所示 & 合角為分角和 & 已知∠DOE=45°
(6)∠AOB＋∠BOC＝2∠BOD＋2∠BOE ＝2（∠BOD＋∠BOE）＝2∠DOE ＝2×45°＝90°	如圖1.3-9 & (3)∠AOB＝2∠BOD (4)∠BOC＝2∠BOE 已證 & (5)∠BOD+∠BOE＝45°已證
(7)∠AOB與∠BOC互為餘角	由(6) & 餘角定義

Q.E.D

在證明結束的地方，我們通常會寫上Q.E.D，表示「證明結束」。

（Q.E.D是拉丁語「quod erat demonstrandum」）

習題 1-3

習題1.3-1　若∠A＝40°，∠A與∠B互為餘角，則∠B＝？

習題1.3-2　若∠A＝30°，∠A與∠B互為補角，則∠B＝？

習題1.3-3　在下列空格中填入適當的角度：

156°的補角是＿＿＿度，42°的餘角是＿＿＿度，52°的補角是＿＿＿度。
137°的補角是＿＿＿度，33°的餘角是＿＿＿度，19°的餘角是＿＿＿度。

習題1.3-4　已知∠1＝153°，若∠1和∠2互補，∠2和∠3互餘，求∠3。

習題1.3-5　若∠1與∠2互為補角，且∠1的餘角為（43＋x）°，∠2＝8x°，求x＝？

習題1.3-6　∠A的補角和∠B的餘角度數相同，已知∠A＝120°，求∠B。

習題 1.3-7　設一角的餘角與補角的和，比其餘角的四倍多 25°，求此角。

習題1.3-8　若∠A＝80°，∠A與∠B互為共軛角，則∠B＝？

習題 1.3-9　共軛的二角相差 80°，求此兩角。

習題 1.3-10　$\frac{1}{3}$ 平角的餘角是幾度？它的共軛角是幾度？

習題 1.3-11　如圖 1.3-10，L、M 交於一點，則圖中共有＿＿＿＿組對頂角。

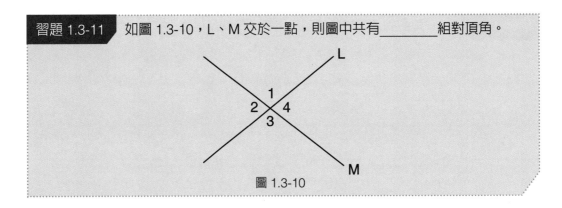

圖 1.3-10

習題 1.3-12　如圖 1.3-11，$\overleftrightarrow{AB}$、$\overleftrightarrow{DC}$ 交於一點 E，且 ∠ AEC = 45°，則 ∠ BED ＝＿＿＿＿度。

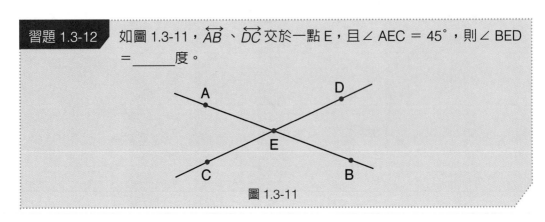

圖 1.3-11

習題 1.3-13　二鄰角如互為餘角，試證此二角的平分線夾角為 45°。

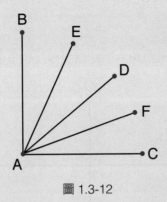

圖 1.3-12

已知：如圖1.3-12，∠BAD與∠DAC互為餘角，且 $\overline{AE}$、$\overline{AF}$ 分別為
　　　∠BAD與∠DAC的角平分線

求證：∠EAF＝45°

定義 1.4-3 平行線

在同一平面的兩條直線永不相交,則此兩直線互相平行。

平行的符號為 //。

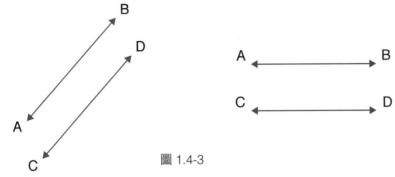

圖 1.4-3

如圖1.4-3所示,$\overleftrightarrow{AB}$ 和 $\overleftrightarrow{CD}$ 互相平行,亦即 $\overleftrightarrow{AB} \parallel \overleftrightarrow{CD}$,$\overleftrightarrow{CD} \parallel \overleftrightarrow{AB}$。

1.5 節 幾何學的基本公理

數學上有很多的定義,也有很多定理,定理是必須經過證明才能確立的事實,但有一些基本假設是大家公認為正確的事實,稱為公理。公理是不需證明也無法證明。公理分為普通公理與幾何公理二類,普通公理是關於數量的公理,是數學各科都可以適用的,而只有適用於幾何學上有關圖形的叫做幾何公理。

定義 1.5-1 普通公理

普通公理又可分為等量公理與不等量公理:

等量公理

1.**加法公理**:等量加等量,其和相等。

若$a=b$,$c=d$,則$a+c=b+d$。

2.**減法公理**:等量減等量,其差相等。

若$a=b$,$c=d$,則$a-c=b-d$。

3.**乘法公理**:等量乘等量,其積相等。

若$a=b$,$c=d$,則$a \times c=b \times d$。

4.**除法公理**:等量除等量,其商相等。

若$a=b$,$c=d$,則$\dfrac{a}{c}=\dfrac{b}{d}$。

5.**全量公理**:全量等於諸分量的總和。

若a分成b、c、d,則$a=b+c+d$。

不等量公理

1. **二量關係公理：**

   a、b兩數的關係只有三種，a＞b、a＝b、a＜b。（三一律）

2. **三量比較公理：**

   a、b、c三數，若a＞b，b＞c，則a＞c。（遞移律）

3. **全量大於分量公理：** 全量必大於任一分量。

   若a＝b＋c，則a＞b且a＞c。（a、b、c皆大於0）

4. **不等量加減等量公理：**

   不等量加或減等量所得的和或差不相等，大者仍大。

   若a＞b，c＝d，則a＋c＞b＋d，a－c＞b－d。

5. **不等量加不等量公理：**

   不等量加不等量所得的和不相等，大量加大量的和仍大。

   若a＞b，c＞d，則a＋c＞b＋d。

6. **等量減不等量公理：**

   等量減不等量所得的差不相等，減數大的，其差反小。

   若a＝b，c＞d，則a－c＜b－d。

7. **等量乘除不等量公理：**

   等量乘或除不等量所得的積或商不相等，大者仍大。

   若a＝b，c＞d，則a×c＞b×d，$\frac{c}{a}>\frac{d}{b}$。（a、b、c、d皆大於0）

8. **不等量除等量公理：**

   不等量除等量所得的商不相等，除數大的，其商反小。

   若a＞b，c＝d，則$\frac{c}{a}<\frac{d}{b}$。（a、b、c、d皆大於0）

定義 1.5-2

幾何公理

幾何學上有些事實是公認為正確者，但無法證明，這種事實，稱之為幾何公理。 幾何學裡的公理可以說是幾何學裡的基本假設，有了這些基本假設以後，才能推導出幾何學上的定理。

公理 1.5-1

直線公理

兩點之間，只有一條直線。（也可以說，兩點決定一條直線）

公理 1.5-2

兩直線交點公理

兩直線如相交，則只相交於一點。（也可以說兩條不平行的線相交於一點）

公理 1.5-3

距離公理
兩點之間，以直線的線段為最短。

公理 1.5-4

平行線公理
點P位於某直線L之外，則通過P點，只能畫一條直線與L平行。

公理 1.5-5

移形公理
幾何圖形可以不改變大小、形狀，從一個位置移到另一位置。

公理 1.5-6

全等公理
兩圖形疊合，若處處相合，則此二圖形全等。

以上的公理都是大家公認正確的事實，但無法證明。以距離公理來說，我們都知道兩點之間最短距離是直線距離，如圖1.5-1所示，但無法證明，所以這是公理。

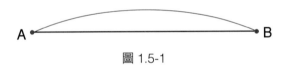

A　　　　　　　　　　　　　　B

圖 1.5-1

例題 1.5-1

下列敘述何者正確？＿＿＿＿＿＿

(A) 相異二點必能組成一條線

(B) 直線的長度有限，所以都可以用尺測量。

(C) 若A、B是一直線上的兩點，則A、B兩點之間的部分稱為直線

(D) 兩直線能比較長短

 想法

(1) 兩個點可以決定的線有：

    1. 兩端可以無限延長的線叫做直線

    2. 一端可以無限延長的線叫做射線

    3. 有兩個端點的線叫做線段

(2) 線段的長度就是兩端點間的距離

 解

答案選(A)

敘述	理由
(1)正確	根據直線公理
(2)錯誤	根據直線定義，直線兩端可以無限延長
(3)錯誤	A、B兩點之間的部分為 $\overline{AB}$ 線段
(4)錯誤	直線可以無限延長，因此無法比較長短

例題 1.5-2

平面上不共線的三個點，共可畫出幾條相異直線？幾條線段？

 想法

利用兩點決定一條直線的直線公理

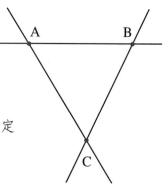

 解

如圖1.5-2，A、B、C不共線的三個點，共可決定

(1)直線：$\overleftrightarrow{AB}$、$\overleftrightarrow{BC}$、$\overleftrightarrow{CA}$ 共三條相異直線

(2)線段：$\overline{AB}$、$\overline{BC}$、$\overline{CA}$ 共三條線段

圖 1.5-2

例題 **1.5-3**

平面上任三個點不共線的四個點，共可畫出幾條相異直線？幾條線段？

想法

(1) 利用兩點決定一條直線的直線公理

(2) 相同線段其兩端點必相同，所以兩線段的端點若不相同就是相異線段

解

如圖1.5-3，A、B、C、D任三點不共線的四個點，共可決定

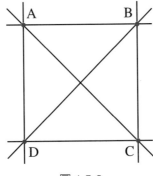

圖 1.5-3

(1)直線：$\overleftrightarrow{AB}$、$\overleftrightarrow{AC}$、$\overleftrightarrow{AD}$、$\overleftrightarrow{BC}$、$\overleftrightarrow{BD}$、$\overleftrightarrow{CD}$共六條相異直線

(2)線段：$\overline{AB}$、$\overline{AC}$、$\overline{AD}$、$\overline{BC}$、$\overline{BD}$、$\overline{CD}$共六條線段

例題 **1.5-4**

如圖1.5-4，平面上共線的三個點，共可畫出幾條相異直線？幾條線段？

圖 1.5-4

想法

(1) 利用共線定義：共線的點都在同一直線上

(2) 相同線段其兩端點必相同，所以兩線段的端點若不相同就是相異線段

解

如圖1.5-4，A、B、C共線的三個點，共可決定

(1)直線：$\overleftrightarrow{AC}$一條直線

(2)線段：A、B、C三個點，每點都可以與另外兩點相連成線段，但線段
兩端點各重複計算一次，故可決定$\dfrac{3\times2}{2}=3$條線段，分別是$\overline{AB}$、$\overline{BC}$、
$\overline{CA}$共三條線段。

習題 1-5

習題 1.5-1 平面上任三個點不共線的五個點，共可畫出幾條相異直線？幾條線段？

習題 1.5-2 平面上共線的四個點，共可畫出幾條相異直線？幾條線段？

1.6 節　有關角的一些基本定理

定理 1.6-1

等角的餘角相等

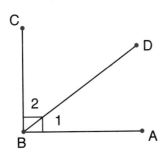 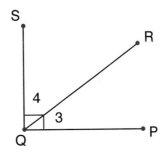

圖 1.6-1

 如圖1.6-1，∠ABC＝90°，∠PQS＝90°，∠1＝∠3

 ∠2＝∠4

 餘角定義

敘述	理由
(1)∠ABC＝∠1＋∠2＝90°	如圖1.6-1所示 & 已知∠ABC＝90°
(2)∠PQS＝∠3＋∠4＝90°	如圖16.-1所示 & 已知∠PQS＝90°
(3)（∠1－∠3）＋（∠2－∠4）＝0°	由(1)－(2)
(4)（∠3－∠3）＋（∠2－∠4）＝0°　∴∠2－∠4＝0°	將已知∠1＝∠3代入(3)
(5)∠2＝∠4	由(4) 等量加法公理

Q. E. D.

| 定理 1.6 2 | 等角的補角相等 |

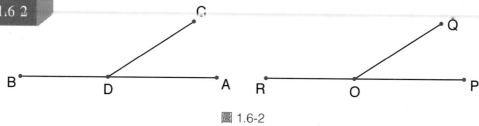

圖 1.6-2

請看圖1.6-2，假設∠ADC＋∠CDB＝180°，∠POQ＋∠QOR＝180°，∠ADC 若∠POQ，則∠CDB＝∠QOR。

我們不需要在此證明這一定理了，因為這個定理的證明方法和定理1.6-1的證明方法完全一樣的。

| 定理 1.6-3 | 對頂角相等 |

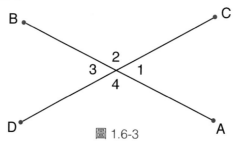

圖 1.6-3

已知 如圖1.6-3，$\overline{AB}$與$\overline{CD}$相交，∠1和∠3是對頂角。

求證 ∠1＝∠3。

想法 平角為180°

證明

敘述	理由
(1)∠1＋∠2＝180°	$\overline{AB}$為線段
(2)∠2＋∠3＝180°	$\overline{CD}$為線段
(3)∠1－∠3＝0°	由(1)－(2)
∴∠1＝∠3	等量加法公理

Q. E. D.

例題 **1.6-1**

圖1.6-4中，$\overline{AB}$ 與 $\overline{CD}$ 相交，且 $\angle 1 = 50°$，則 $\angle 2 = $ _____ 度，$\angle 3 = $ _____ 度，$\angle 4 = $ _____ 度。

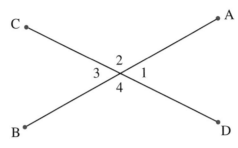

圖 1.6-4

想法　對頂角相等

解

敘述	理由
(1) $\angle 3 = \angle 1 = 50°$	如圖1.6-4，$\angle 3$ 與 $\angle 1$ 互為對頂角 & 已知 $\angle 1 = 50°$
(2) $\angle 1 + \angle 2 = 180°$	如圖1.6-4，$\angle 1 + \angle 2$ 為平角180°
(3) $\angle 2 = 180° - \angle 1$ $= 180° - 50°$ $= 130°$	由(2) 等量減法公理 & 已知 $\angle 1 = 50°$
(4) $\angle 4 = \angle 2 = 130°$	如圖1.6-4，$\angle 4$ 與 $\angle 2$ 互為對頂角 & 對頂角相等 (3) $\angle 2 = 130°$

例題 1.6-2

如圖1.6-5，已知三線段相交於一點，且∠3＝100°、∠5＝40°，則∠1的度數為何？

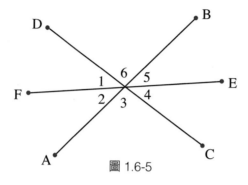

圖 1.6-5

 對頂角相等

敘述	理由
(1) ∠2＝∠5＝40°	如圖1.6-5，∠2與∠5互為對頂角 & 已知∠5＝40°
(2) ∠1＋∠2＋∠3＝180°	如圖1.6-5，∠1＋∠2＋∠3為平角180°
(3) ∠1＝180°－∠3－∠2 ＝180°－100°－40° ＝40°	由(2) 等量減法公理 & 已知∠3＝100° & (1) ∠2＝40°

例題 1.6-3

如圖1.6-6，$\overline{AB}$、$\overline{CD}$、$\overline{EF}$交於一點O，則∠AOC＋∠COE會等於下列何者？

(A)∠EOB＋∠BOD　　(B)∠BOD＋∠DOF

(C)∠DOF＋∠FOA　　(D)∠EOB＋∠AOF

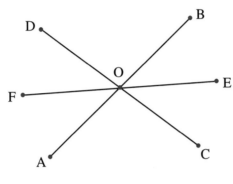

圖 1.6-6

想法　對頂角相等

解

敘述	理由
(1) ∠AOC＝∠BOD	如圖1.6-6，∠AOC與∠BOD互為對頂角
(2) ∠COE＝∠DOF	如圖1.6-6，∠DOF與∠COE互為對頂角
(3) ∠AOC＋∠COE＝ 　　∠BOD＋∠DOF	由(1)＋(2)
(4) 所以答案選(B)	由(3)

例題 **1.6-4**

如圖1.6-7，兩直線交於一點，則下列敘述何者錯誤？

(A)∠1和∠2互為補角　　(B)∠1＝∠3

(C)∠3＋∠4＝180°　　(D)∠3為∠4的對頂角

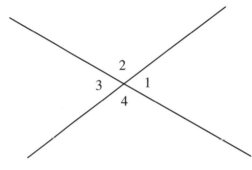

圖 1.6-7

(1) 兩直線交於一點，會有兩組相等之對頂角

(2) 平角為180°

(3) 兩角和為180°，則兩角互為補角

敘述	理由
(A) 正確	如圖1.6-7，∠1＋∠2為平角180° & 補角定義
(B) 正確	如圖1.6-7，∠1與∠3互為對頂角
(C) 正確	如圖1.6-7，∠3＋∠4為平角180°
(D) 錯誤	由對頂角定義，∠3的對頂角為∠1，∠4的對頂角為∠2
所以選項(D)是錯誤的	

例題 1.6-5

如圖1.6-8，$\overline{AD}$、$\overline{BE}$、$\overline{CF}$交於一點Q，且∠BQD＝130°，
∠CQE＝120°，則∠AQF＝_____度。

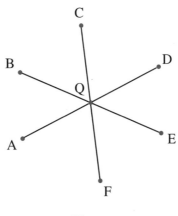

圖 1.6-8

 想法 對頂角相等

 解

敘述	理由
(1) ∠CQD＋∠CQB＝∠BQD＝130°	如圖1.6-8所示 & 已知∠BQD＝130°
(2) ∠CQD＋∠DQE＝∠CQE＝120°	如圖1.6-8所示 & 已知∠CQE＝120°
(3) （∠CQD＋∠CQB）＋（∠CQD＋∠DQE）＝∠BQD＋∠CQE （∠CQD＋∠CQB＋∠DQE）＋∠CQD＝130°＋120°＝250° ∠CQD＝250°－（∠CQD＋∠CQB＋∠DQE）	由(1)＋(2) & 加法交換律 & 等量減法公理
(4) ∠CQD＋∠CQB＋∠DQE＝180°	$\overline{BE}$為一線段
(5) ∠CQD＝250°－180°＝70°	將(4)代入(3)
(6) ∠AQF＝∠CQD＝70°	由(5) & 對頂角相等

例題 1.6-6

如圖1.6-9，兩直線交於一點，若$4\angle 3 + 3\angle 1 = 350°$，則$\angle 4 =$ _____ 度。

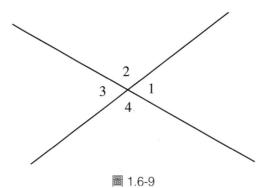

圖 1.6-9

 想法　對頂角相等

 解

敘述	理由
(1) $\angle 1 = \angle 3$	如圖1.6-9，$\angle 1$與$\angle 3$互為對頂角 & 對頂角相等
(2) $4\angle 3 + 3\angle 1 = 350°$	已知$4\angle 3 + 3\angle 1 = 350°$
(3) $4\angle 3 + 3\angle 3 = 350°$ 　　$7\angle 3 = 350°$ 　　$\angle 3 = 50°$	將(1) $\angle 1 = \angle 3$代入(2) & 解一元一次方程式
(4) $\angle 4 + \angle 3 = 180°$	如圖1.6-9所示，$\angle 3 + \angle 4$為平角180°
(5) $\angle 4 = 180° - \angle 3$ 　　$= 180° - 50°$ 　　$= 130°$	由(4) 等量減法公理 & (3) $\angle 3 = 50°$ 已證

例題 **1.6-7**

在圖1.6-10中，三線段$\overline{AB}$，$\overline{CD}$與$\overline{EF}$相交於一點O，

試證明：$\angle a + \angle c + \angle e = 180°$。

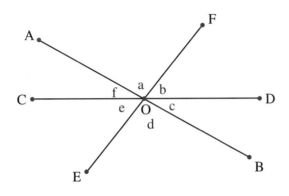

圖 1.6-10

 想法　對頂角相等

 解

敘述	理由
(1)$\angle a + \angle b + \angle c = 180°$	已知$\overline{AB}$為線段
(2)$\angle b = \angle e$	如圖1.6-10，$\angle e$和$\angle b$是$\overline{CD}$與$\overline{EF}$所構成的對頂角
(3)$\angle a + \angle c + \angle e = 180°$	將(2) $\angle b = \angle e$ 代入 (1)

例題 1.6-8

如圖1.6-11，已知三線段相交於一點，且∠1＝（x－1）°、
∠2＝（3x＋5）°、∠3＝（2x－34）°，則x＝＿＿＿＿。

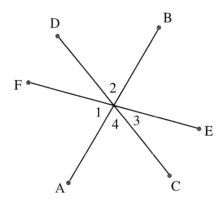

圖 1.6-11

  對頂角相等

敘述	理由
(1) ∠4＝∠2＝（3x＋5）°	如圖1.6-11，∠4與∠2互為對頂角 & 已知∠2＝（3x＋5）°
(2) ∠1＋∠4＋∠3＝180°	如圖1.6-11，∠1＋∠4＋∠3為平角180°
(3) （x－1）°＋（3x＋5）° 　　＋（2x－34）°＝180° 　　6x－30＝180 　　　　6x＝210 　　　　 x＝35	將已知∠1＝（x－1）°、∠3＝（2x－34）° & (1) ∠4＝（3x＋5）° 代入(2) & 解一元一次方程式

定理
1.6-4

一角的平分線的延長也是其對頂角的平分線

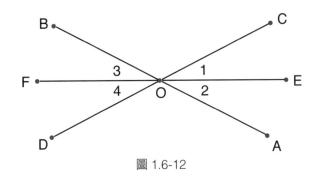

圖 1.6-12

 已知　請看圖1.6-12，$\overline{AB}$ 與 $\overline{CD}$ 相交於O點，$\overline{OE}$ 平分∠AOC，自O點延長$\overline{OE}$，得$\overline{OF}$。

求證　$\overline{OF}$ 為∠BOD的角平分線

想法 (1)若∠3＝∠4，則$\overline{OF}$ 為∠BOD的角平分線
(2)對頂角相等

證明

敘述	理由
(1)∠1＝∠4 & ∠2＝∠3	如圖1.6-12所示 & 對頂角相等
(2)∠1＝∠2	已知$\overline{OE}$為∠AOC的平分線
(3)∠1＝∠3	由(1) ∠2＝∠3 & (2) ∠1＝∠2 遞移律
(4)∠3＝∠4	由(1) ∠1＝∠4 & (3) ∠1＝∠3 遞移律
(5)亦即$\overline{OF}$為∠BOD的平分線	由(4) ∠3＝∠4 & 角平分線觀念

Q. E. D.

定理 1.6-5 一角的平分線與其對頂角的平分線成一直線

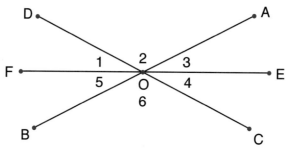

圖 1.6-13

 已知 如圖1.6-13，$\overline{AB}$ 與 $\overline{CD}$ 相交於O點，$\overline{OE}$ 為∠AOC的角平分線，$\overline{OF}$ 為∠BOD的角平分線。

 求證 $\overline{EF}$ 成一直線。

 想法 若∠1+∠2+∠3=180°，則 $\overline{EF}$ 成一直線

 證明

敘述	理由
(1)∠DOB＝∠AOC	如圖1.6-13所示，對頂角相等
(2)∠3＝∠4＝$\frac{1}{2}$∠AOC	已知 $\overline{OE}$ 為∠AOC的角平分線
(3)∠1＝∠5＝$\frac{1}{2}$∠BOD	已知 $\overline{OF}$ 為∠BOD的角平分線
(4)∠1＝∠5＝$\frac{1}{2}$∠AOC	將(1) ∠DOB＝∠AOC 代入(3)
(5)∠1＝∠5＝∠3＝∠4	由(2) & (4) 遞移律
(6)∠1＋∠2＋∠5＝180°	如圖1.6-13所示，∠1＋∠5＋∠2為平角180°
(7)∠1＋∠2＋∠3＝180°	將(5) ∠5＝∠3 代入(6)
(8)亦即 $\overline{EF}$ 為一直線	由(7)

Q. E. D.

<table>
<tr><td>定理
1.6-6</td><td>**如兩鄰角互為補角，則兩角的平分線互相垂直**</td></tr>
</table>

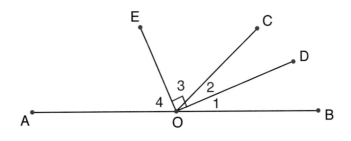

圖 1.6-14

已知　如圖1.6-14，∠BOC與∠COA相鄰且互為補角，$\overline{OE}$ 為∠COA的角平分線，$\overline{OD}$為∠BOC的角平分線。

求證　$\overline{OD}$ 與 $\overline{OE}$ 互相垂直。

想法　若∠2＋∠3＝90°，則 $\overline{OD}$ 與 $\overline{OE}$ 互相垂直

證明

敘述	理由
(1)∠BOC＋∠COA＝180°	已知∠BOC與∠COA相鄰且互為補角
(2)∠1＝∠2＝$\frac{1}{2}$∠BOC	已知$\overline{OD}$ 為∠BOC之平分線
(3)∠BOC＝2∠2	由(2) 等量乘法公理
(4)∠3＝∠4＝$\frac{1}{2}$∠AOC	已知$\overline{OE}$ 為∠COA的角平分線
(5)∠AOC＝2∠3	由(4) 等量乘法公理
(6)2∠2＋2∠3＝180°	將(3)∠BOC＝2∠2 & (5)∠AOC＝2∠3代入(1)
(7)∠2＋∠3＝90°	由(6) 等量除法公理，等號兩邊同除以2
(8)所以$\overline{OD}$ 與 $\overline{OE}$ 互相垂直	由(7)　∠2＋∠3＝90°

Q. E. D.

例題 1.6-9

如圖1.6-15，A、O、B三點共線，若 $\overline{OD}$ 為∠EOB之角平分線，$\overline{OC}$ 為∠AOE之角平分線，且∠EOC＝60°，求∠EOD＝？

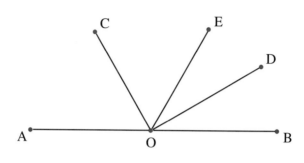

圖 1.6-15

如兩鄰角互為補角，則兩角的平分線互相垂直

敘述	理由
(1)∠AOE＋∠EOB＝180°	如圖1.6-15所示，∠AOE＋∠EOB為平角180°
(2)$\overline{OD}$ 為∠EOB之角平分線	已知
(3)$\overline{OC}$ 為∠AOE之角平分線	已知
(4)∠EOC＋∠EOD＝90°	由(1) & (2) & (3) 如兩鄰角∠AOE與∠EOB互為補角，則兩角的平分線$\overline{OC}$與$\overline{OD}$互相垂直
(5)∠EOD＝90°－∠EOC 　　＝90°－60° 　　＝30°	由(4) 等量減法公理 & 已知∠EOC＝60°

例題 1.6-10

於圖1.6-16中，∠AOB不為直角，$\overline{OD}$ 為∠AOB之平分線，$\overline{OE} \perp \overline{OD}$，
試證明：$\overline{OE}$ 為∠AOC之平分線。

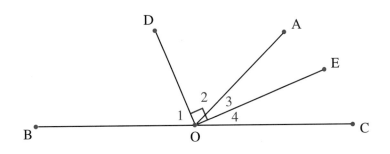

圖 1.6-16

 想法　只要證明∠4＝∠3，根據角平分線觀念，即可得知$\overline{OE}$為∠AOC之角平分線

 解

敘述	理由
(1)∠1＝∠2	已知$\overline{OD}$為∠AOB之平分線
(2)∠2＋∠3＝90°	已知$\overline{OE} \perp \overline{OD}$
(3)∠1＋∠2＋∠3＋∠4＝180°	如圖1.6-16所示，B、O、C三點共線
(4)∠1＋90°＋∠4＝180°	將(2)∠2＋∠3＝90°代入(3)
(5)∠1＋∠4＝90°	由(4)等量減法公理
(6)∠1＋∠3＝90°	將(1)∠1＝∠2代入(2)
(7)∠4－∠3＝0°	由(5)－(6)
(8)∠4＝∠3	由(7)等量加法公理
(9)故$\overline{OE}$為∠AOC之角平分線	由(8)＆角平分線觀念

Q. E. D.

習題 1-6

習題1.6-1 圖1.6-17中，$\overline{AB}$ 與 $\overline{CD}$ 相交，且∠1＝40°，則∠2＝____度，∠3＝____度，∠4＝____度。

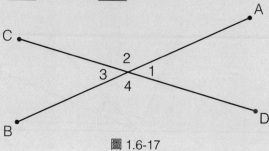

圖 1.6-17

習題1.6-2 如圖1.6-18，已知三線段相交於一點，且∠3＝110°、∠5＝30°，則∠1＝____度。

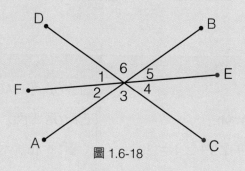

圖 1.6-18

習題1.6-3 如圖1.6-19，已知三線段相交於一點，且∠1＝（x＋10）°、∠2＝（3x－10）°、∠3＝（2x－60）°，則x＝____。

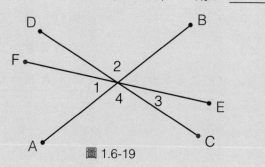

圖 1.6-19

習題1.6-4　圖1.6-20中，∠DBE＝∠ABC＝90°，試證∠CBD＝∠ABE。

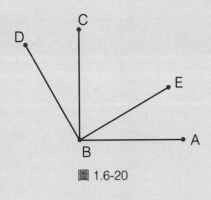

圖 1.6-20

習題1.6-5　如圖1.6-21，$\overline{AD}$、$\overline{BE}$、$\overline{CF}$交於一點Q，且∠BQD＝150°，
　　　　　∠CQE＝120°，則∠AQF＝_____度。

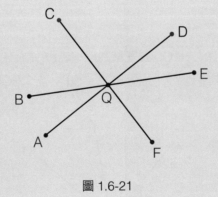

圖 1.6-21

習題 1.6-6   若兩鄰角互為餘角，試證明這兩角的平分線所成的角為 45°。

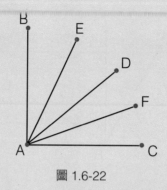

圖 1.6-22

已知：如圖1.6-22，∠BAD與∠DAC互為餘角，且 $\overline{AE}$、$\overline{AF}$ 分別為
　　　∠BAD與∠DAC的角平分線

求證：∠EAF＝45°

習題1.6-7   如圖1.6-23，A、O、B三點共線，若 $\overline{OD}$ 為∠EOB之角平分線，$\overline{OC}$ 為
　　　　　∠AOE之角平分線，且∠EOC＝50°，求∠EOD＝？

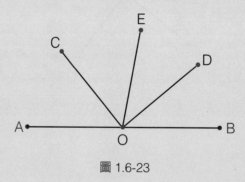

圖 1.6-23

習題 1.6-8　若兩鄰角的平分線所成的角等於直角的一半，試證明這兩角互為餘角。

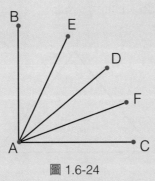

圖 1.6-24

已知：如圖1.6-24，∠BAD與∠DAC為相鄰的兩角，且$\overline{AE}$、$\overline{AF}$
　　　分別為∠BAD與∠DAC的角平分線，若∠EAF＝45°
求證：∠BAD與∠DAC互為餘角

習題1.6-9　圖1.6-25中，$\overline{EF}$ 為∠DEG的角平分線，∠1＝∠3，試證∠2＝∠3。

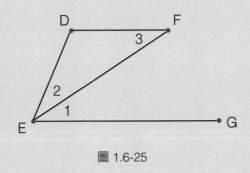

圖 1.6-25

習題1.6-10 　圖1.6-26中，∠HIJ＝∠KJI，$\overline{LI}$ 為∠HIJ的角平分線，$\overline{LJ}$為∠KJI的角平分線，試證∠HIL＝∠KJL。

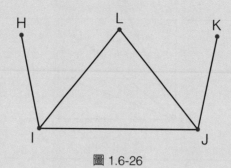

圖 1.6-26

1.7 節　圓

定義 1.7-1

圓，圓周，圓心

圓周為一封閉曲線，線上各點都與其內一點等距離，此點稱為圓心；圓周內的部份為圓。

定義 1.7-2

半徑，直徑

圓周上任一點與圓心的距離就是此圓的半徑；通過圓心而兩端點在圓周上的線段為此圓的直徑。

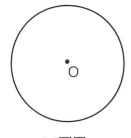

(a)圓周

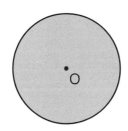

(b)圓

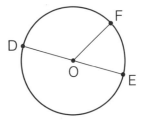

(c)直徑$\overline{DE}$，半徑$\overline{OF}$

圖 1.7-1

定義 1.7-3

弧

圓周的一部份稱為弧，大於半圓周的為優弧，小於半圓周的為劣弧，通常劣弧簡稱弧。

定義 1.7-4

扇形

兩半徑與所夾的弧圍成的圖形，叫做扇形。

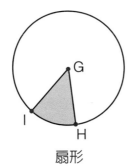

扇形

圖 1.7-2

定義 1.7 5

弦

圓周上任相異兩點的連線叫做弦。

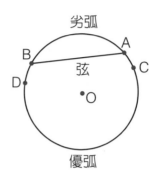

劣弧

B A

弦

D C

O

優弧

圖 1.7-3

圖1.7-3中，$\overline{AB}$ 是此圓的一弦；$\overparen{CD}$ 大於半圓周為優弧，$\overparen{AB}$ 小於半圓周為劣弧。

例題 1.7-1

以代號回答下列問題：

(A) 直徑 (B) 弦 (C) 弧 (D) 半徑 (E) 劣弧 (F) 優弧

(1) 在一個圓中，圓周上任兩點連線且通過圓心的線段，稱為＿＿＿＿＿。

(2) 在一個圓中，從圓心到圓周上任何一點所連成的線段，稱為這個圓的＿＿＿＿＿。

(3) 在一個圓中，一直線將圓周分成兩個＿＿＿＿，較大的稱為＿＿＿＿，較小的稱為＿＿＿＿＿。

(4) 在一個圓中，圓周上任兩點連線的線段，稱為＿＿＿＿＿。

想法 直徑、半徑、弧、優弧、劣弧、弦的定義

解

敘述	理由
(1) 答案為(A) 直徑	直徑的定義
(2) 答案為(D) 半徑	半徑的定義
(3) 答案為(C) 弧；(F) 優弧；(E) 劣弧	弧、優弧、劣弧的定義
(4) 答案為(B) 弦	弦的定義

例題 1.7-2

如果一圓的半徑為9公分，則此圓最長的弦為_____公分。

想法　直徑為最長之弦

解

敘述	理由
(1) 圓的直徑為18公分	圓的半徑為9公分
(2) 此圓最長的弦為直徑＝18公分	直徑的性質

例題 1.7-3

若圓O的半徑是5公分，則下列何者不可能為圓O上兩點間的距離？

(A) 3公分　　　(B) 5公分　　　(C) 10公分　　　(D) 12公分

想法　直徑為最長之弦

解

敘述	理由
(1) 圓的直徑為10公分	已知半徑為5公分
(2) 圓上最長的弦為直徑＝10公分	直徑的性質
(3) 圓上任意的弦必≦10公分	弦的性質
(4) 不可能有12公分的弦	12公分＞10公分
(5) 答案選(D) 12公分	

例題 1.7-4

如果一個圓的周長為20公分,則此圓的優弧長一定大於_____公分,劣弧長一定小於_____公分。

 想法　大於半圓周的為優弧,小於半圓周的為劣弧

 解

敘述	理由
(1) 半圓弧長10公分	已知圓的周長為20公分
(2) 優弧長一定大於10公分	由(1) & 優弧長一定大於半圓弧長
(3) 劣弧長一定小於10公分	由(1) & 劣弧長一定小於半圓弧長

例題 1.7-5

請寫出下列各圖中,較粗的線條所成圖形的名稱:

(1)　　　　　　　　　(2)　　　　　　　　　(3)

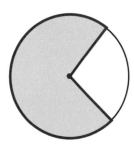　　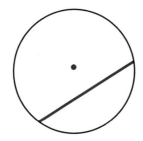　　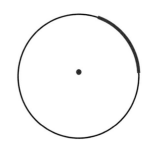

答:扇形　　　　　　答:弦　　　　　　答:弧

習題 1-7

習題 1.7-1　圓與圓周的區別為何？

習題 1.7-2　半徑、直徑是線段還是直線？

習題 1.7-3　一個圓有多少個半徑？

習題 1.7-4　一個圓有多少個直徑？

習題 1.7-5　一個圓有多少條弦？

習題 1.7-6　一個圓的直徑為半徑的幾倍？

習題 1.7-7　什麼是圓的最大弦？

習題 1.7-8　一個圓有多少個圓心？

本章重點

1. 學習幾何的基本態度是幾何的性質必須經由證明才能確認其正確性。

2. 數學推理論證中的幾個數學常用名詞，定義、公理、定理、系。

3. 證明就由假設（已知）的條件，根據定義、公理或已經證明的定理，逐步推論到結論為止的過程。

4. 幾何的一些基本元素：點、線、面、體等。

5. 角的定義及角與角的關係。

　5.1周角為360°；平角為180°；直角為90°；0°＜銳角＜90°；90°＜鈍角＜180°；
　　0°＜劣角＜180°；180°＜優角＜360°

　5.2兩角之和為直角，則此兩角互為餘角。

　5.3兩角之和為平角，則此兩角互為補角。

　5.4兩角之和為周角，則此兩角互為共軛角。

　5.5等角的餘角相等；等角的補角相等。

　5.6對頂角相等。

6. 垂直線與平行線的定義。

7. 普通公理與幾何公理。

8. 介紹圓、扇形、弧、弦等與圓相關的名詞。

 進階思考題

1 平面上任三個點不共線的五個點，共可畫出幾條相異直線？幾條線段？

2 平面上有相異 8 個點，若其中任三點不共線，則此 8 個點可決定幾條直線？幾條線段？

3 平面上有相異 10 個點，若其中任三點不共線，則此 10 個點可決定幾條直線？幾條線段？

4 平面上共線的 8 個點，共可畫出幾條相異直線？幾條線段？

5 平面上共線的 10 個點，共可畫出幾條相異直線？幾條線段？

6 如圖 1.1 所示，若 A、B、C 三點共線，另有一點 D，則此 4 個點共可畫出幾條相異直線？幾條線段？

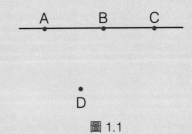

圖 1.1

7 如圖 1.2 所示，A、B、C 三點共線，另有兩點 D、E，則此 5 個點共可畫出幾條相異直線？幾條線段？

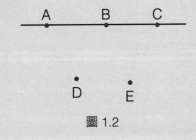

圖 1.2

8 如圖 1.3 所示，A、B、C、D 四點共線，其餘三點 E、F、G 不共線，則此 7 個點共可畫出幾條相異直線？幾條線段？

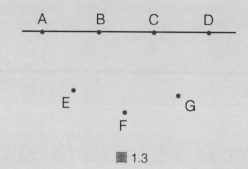

圖 1.3

9 平面上有相異 8 個點，其中有 5 個點共線，則可決定幾條直線？可決定幾條線段？

10 平面上有相異 10 個點，其中有 6 個點共線，則可決定幾條直線？可決定幾條線段？

11 如圖 1.4 所示，L 與 M 為兩條相異直線，且 L 與 M 不相交，若直線 L 上有 A、B、C 三點，直線 M 上有 D、E、F 三點，則此 6 個點共可畫出幾條相異直線？幾條線段？

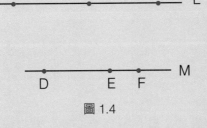

圖 1.4

12 如圖 1.5 所示，L 與 M 為兩條相異直線，且 L 與 M 不相交，若直線 L 上有 A、B、C、D 四個點，直線 M 上有 E、F、G 三個點，則此 7 個點共可畫出幾條相異直線？幾條線段？

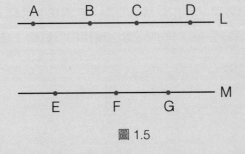

圖 1.5

13 平面上有 L、M 兩條直線，且 L 與 M 不相交，L 線上有相異 5 點，M 線上有相異 4 點，則這些點可決定幾條直線？可決定幾條線段？

14 平面上有 L、M 兩條直線，且 L 與 M 不相交，L 線上有相異 7 點，M 線上有相異 5 點，則這些點可決定幾條直線？可決定幾條線段？

15 L 與 M 為兩條相異直線，且 L 與 M 有交點，若直線 L 上有 A、B、C 三點，直線 M 上有 D、E、F 三點，則共可畫出幾條相異直線？幾條線段？

16 L 與 M 為兩條相異直線，且 L 與 M 有交點，若直線 L 上有 A、B、C、D 四點，直線 M 上有 E、F、G 三點，則共可畫出幾條相異直線？幾條線段？

17 L 與 M 為兩條相異直線，且 L 與 M 有交點，若直線 L 上有相異 5 個點，直線 M 上有相異 4 個點，則共可畫出幾條相異直線？幾條線段？

18 L 與 M 為兩條相異直線，且 L 與 M 有交點，若直線 L 上有相異 6 個點，直線 M 上有相異 5 個點，則共可畫出幾條相異直線？幾條線段？

19 平面上有相異 10 個點，請問：

(1) 可決定幾個線段？　　　(2) 最多可決定幾條相異直線？

(3) 最少可決定幾條直線？

歷年基測題目

1

如圖1.6，量角器的最小刻度為5度，將量角器中心點置於四邊形ABCD的頂點A，且刻度0度（180度）的標線與$\overline{AB}$邊重合。以四捨五入法，用此量角器量出∠A的近似值為何？

(A) 80度　　　(B) 85度　　　(C) 95度　　　(D) 100度　　　〔93-1〕

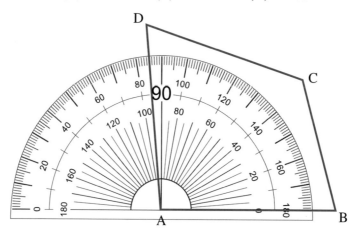

圖 1.6

解答

敘　述	理　由
(1)∠A為 95°	∠A大於90°，小於100°
(2)所以答案選(C) 95°	

2

圖1.7是一個玩具車軌道圖，將白色車頭的玩具車自P點沿著箭頭方向前進，途中經由A點轉向B點，再經由B點轉向Q點。

若∠BAP＝130°、∠QBA＝95°。請問此玩具車至少共要轉多少度才能抵達Q點？

(A) 35　　　　(B) 55　　　　(C) 135　　　　(D) 225　　　　〔91-1〕

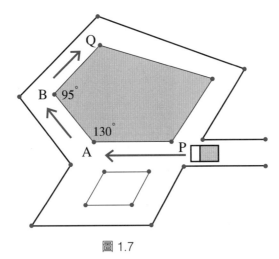

圖 1.7

 解答　(C) 135

 想法　利用角度的加法

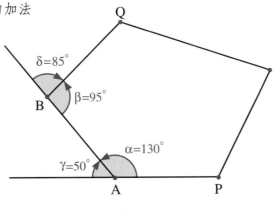

圖 1.7(a)

 解答說明

敘述	理由
(1)車子在A點向右轉 $180°-130°=50°$	如圖1.7(a)所示
(2)車子在B點向右轉 $180°-95°=85°$	如圖1.7(a)所示
(3)車子共轉角度為 $50°+85°=135°$	由(1) & (2)

3

如圖1.8，將一根木棒的一端固定在O點，另一端綁一物。小如將此重物拉到A點後放開，讓此重物由A點擺動至B點。若有一圖形為此重物移動的路徑，則此圖形應為何者？ 〔98-2〕

(A)弧　　　　(B)拋物線　　　(C)傾斜直線　　(D)水平直線

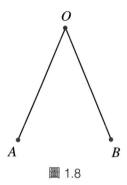

圖 1.8

 解答　(A)弧

 想法　圓周的一部份稱為弧

 解答說明

敘述	理由
(1)如圖1.8(a)所示，以 O 為圓心，$\overline{OA}$、$\overline{OB}$ 為半徑可畫出一圓	 圖 1.8(a)
(2)$\overarc{AB}$為弧	$\overarc{AB}$為圓周的一部份稱為弧

4

有甲、乙兩種長方形紙板各若干張，其中甲的長為85公分，寬為30公分；乙的長為85公分，寬為40公分，如圖1.9(a)所示。今依同種紙板不相鄰的規則，將所有紙板由左至右緊密排成圖1.9(b)的長方形ABCD，則下列哪一個選項可能是 $\overline{AD}$ 的長度？　　　　　　　　　　　　〔95-1〕

(A) 770公分　　　(B) 800公分　　　(C) 810公分　　　(D) 980公分

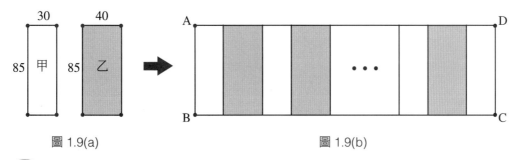

圖 1.9(a)　　　　　　　　　　　　　　　圖 1.9(b)

 (B) 800公分

(1) $\overline{AD}$ 的長度與長方形紙板的長無關

(2) 同種紙板不相鄰，所以甲乙兩種紙板要間隔

(3) 長方形ABCD移除最右邊的甲紙板，正好是甲乙一組，一組一組排成的長方形。

(4) 甲乙一組合在一起的寬度為（30＋40）＝70

(5) $\overline{AD}$ 的長度為70倍數＋30＝選項值。

敘述	理由
(1) (A) 770不對	770－30＝740 不是70的倍數
(2) (B) 800正確答案	800－30＝770 是70的倍數
(3) (C) 810不對	810－30＝780 不是70的倍數
(4) (D) 980不對	980－30＝950 不是70的倍數

5

如圖1.10，甲是由一條直徑、一條弦及一圓弧所圍成的灰色圖形；乙是由兩條半徑與一圓弧所圍成的灰色圖形；丙是由不過圓心O的兩線段與一圓弧所圍成的灰色圖形。下列關於此三圖形的敘述何者正確？　　〔93-1〕

(A) 只有甲是扇形　　　　　　(B) 只有乙是扇形

(C) 只有丙是扇形　　　　　　(D) 只有乙、丙是扇形

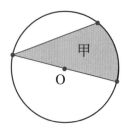 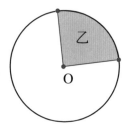 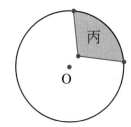

圖 1.10

 (B)只有乙是扇形

 扇形的定義

敘述	理由
(1)甲不是扇形	不是以半徑為角的兩邊
(2)乙是扇形	以半徑為角的兩邊
(3)丙不是扇形	不是以半徑為角的兩邊

第二章　三角形

2.1 節　三角形的重要基本觀念

定義 2.1-1

三角形

如果三個線段，兩兩相連於三點，則此三線段所圍成的圖形叫做三角形，如圖2.1-1所示。

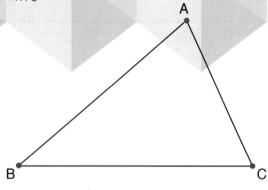

圖 2.1-1

因為三角形有三個端點，我們可以此三端點來代表這個三角形，以圖2.1-1中的三角形為例，我們可以以△ABC表示，也可以以△BAC，△BCA，△CAB，△CBA，△ACB等等表示之。

任何一個三角形，都有三個角，以圖2.1-1的三角形為例，△ABC的三個角是∠A，∠B，和∠C，也可以用∠BAC（或∠CAB），∠ABC（或∠CBA），∠ACB（或∠BCA）表示之。此三個角都是△ABC的內角。

三角形的每一個角都有一個對邊，∠A的對邊是$\overline{BC}$，∠B的對邊是$\overline{AC}$，∠C的對邊是$\overline{AB}$。

定義 2.1-2

三角形的外角、內對角

三角形的任一邊與其相鄰一邊的延長線所夾的角，稱為三角形的外角。與外角不相鄰的兩個內角，都叫做內對角。

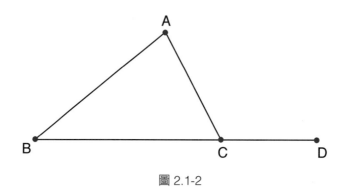

圖 2.1-2

圖2.1-2的△ABC中，∠ACD為∠ACB的外角，∠A及∠B都是∠ACD的內對角。

定義 2.1-3

銳角三角形、直角三角形、鈍角三角形

三角形中若三個角都小於90°，則稱此三角形為銳角三角形；若有一角等於90°，則稱此三角形為直角三角形；若有一角大於90°，則稱此三角形為鈍角三角形。

銳角三角形

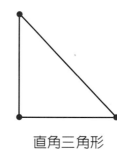
直角三角形

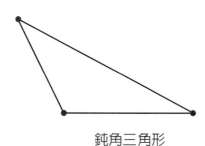
鈍角三角形

圖 2.1-3

定義 2.1-4

正三角形、等腰三角形

三角形中若三個邊都相等，則稱此三角形為正三角形，如圖2.1-4(a)。

若有二個邊相等，則稱此三角形為等腰三角形，相等的邊為腰，另一邊為底，兩個腰所夾的角叫做頂角，腰和底所夾的角叫做底角，如圖2.1-4(b)。

圖 2.1-4(a) 正三角形

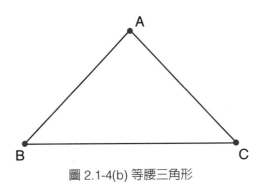

圖 2.1-4(b) 等腰三角形

如圖2.1-4(b)所示，△ABC中，$\overline{AB} = \overline{AC}$ ，△ABC是一個等腰三角形，其中，$\overline{AB}$ 和 $\overline{AC}$ 為腰，$\overline{BC}$ 為底，∠A為頂角，∠B和∠C為底角。

例題 **2.1-1**

連連看,將下列各三角形與其正確的名稱連起來:

(1)　　　　　　(2)　　　　　　(3)　　　　　(4)

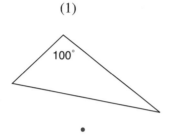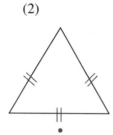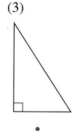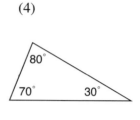

正三角形　　　　銳角三角形　　　直角三角形　　　鈍角三角形

 想法

(1) 三角形三內角皆小於90°為銳角三角形
(2) 三角形中,有一個角等於90°為直角三角形
(3) 三角形中,有一個角大於90°為鈍角三角形
(4) 三角形的三邊中,有兩邊等長,為等腰三角形
(5) 三角形中若三個邊都相等,為正三角形

解

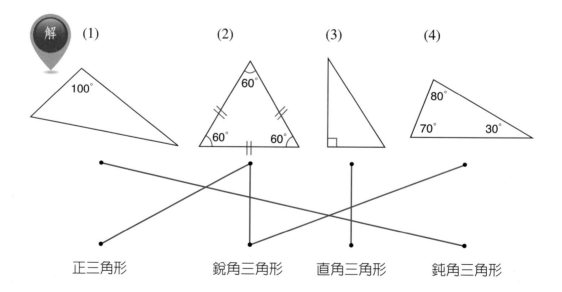

例題 2.1-2

下列敘述何者錯誤？_____

(A) 直角三角形只有一個內角為90°

(B) 正三角形的內角都相等

(C) 銳角三角形中，只有一個內角是銳角

(D) 鈍角三角形中，只有一個內角是鈍角

 想法

(1) 三角形三內角皆小於90°為銳角三角形

(2) 三角形中，有一個角等於90°為直角三角形

(3) 三角形中，有一個角大於90°為鈍角三角形

(4) 三角形的三邊中，有兩邊等長，為等腰三角形

(5) 三角形中若三個邊都相等，為正三角形

 解

敘述	理由
(A) 直角三角形只有一個內角為90°	直角三角形定義
(B) 正三角形的內角都相等	正三角形的三內角皆為60度
(C) 銳角三角形中，三個內角皆是銳角	銳角三角形定義
(D) 鈍角三角形中，只有一個內角是鈍角 所以本題選(C)	鈍角三角形定義

定義 2.1-5

全等三角形

可以完全相合的兩個三角形，叫做全等三角形，圖2.1-5中，△ABC與 △DEF全等，可以△ABC ≅ △DEF表示之。

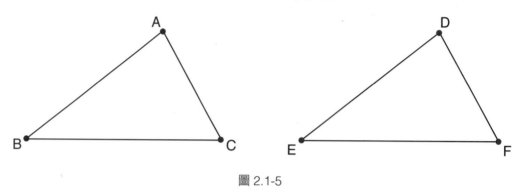

圖 2.1-5

定義 2.1-6

對應點、對應邊、對應角

兩圖形的點數若相等，則兩圖的各點可以依序一一對應，互相對應的點 叫做對應點；兩對應點的連線叫對應邊；兩對應邊的夾角叫做對應角。

以圖2.1-5為例，△ABC與△DEF相對應，A點對應D點，B點對應E點， C點對應F點。$\overline{BC}$的對應邊為$\overline{EF}$，$\overline{AB}$的對應邊為$\overline{DE}$，$\overline{AC}$的對應邊為 $\overline{DF}$。∠A的對應角為∠D，∠B的對應角∠E，∠C的對應角∠F。

定義 2.1-7

周長

封閉曲線圖形一周的長度，叫做周長。周長也就是圖形所有邊長的總 和。如圖2.1-6，△ABC周長＝$\overline{AB}+\overline{BC}+\overline{AC}$。

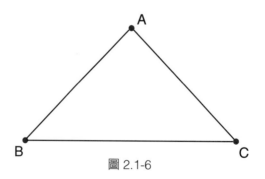

圖 2.1-6

在證明很多有關三角形的定理時，我們常會引用一個公理，叫做移形公理。利用移形公理以及有關全等三角形的定義，我們可以得到以下的定理：

定理
2.1-1

兩全等三角形的對應角相等且對應邊相等

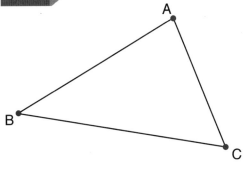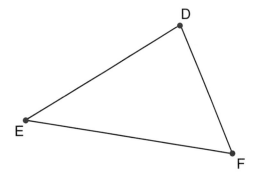

圖 2.1-7

 如圖2.1-7，△ABC及△DEF兩三角形全等，△ABC ≅ △DEF。

 ∠A＝∠D，∠B＝∠E，∠C＝∠F。
$\overline{BC}=\overline{EF}$，$\overline{AB}=\overline{DE}$，$\overline{AC}=\overline{DF}$。

敘述	理由
(1) 移動△DEF使與△ABC完全相合	已知△ABC ≅ △DEF
(2) D與A相合，E與B相合，F與C相合，且 $\overline{AB}$ 與 $\overline{DE}$ 完全相合，$\overline{AC}$ 與 $\overline{DF}$ 完全相合，$\overline{BC}$ 與 $\overline{EF}$ 完全相合	移形公理，& △ABC ≅ △DEF的假設
(3) $\overline{BC}=\overline{EF}$，$\overline{AB}=\overline{DE}$，$\overline{AC}=\overline{DF}$	兩點之間只有一條直線
(4) ∠A＝∠D，∠B＝∠E，∠C＝∠F	相同兩邊的夾角相等

Q. E. D.

例題 **2.1-3**

圖2.1-8中，已知△ABC ≅△DEF，且A、B、C的對應頂點分別是D、E、F。 若$\overline{BC}=16$，$\overline{AC}=9$，$\overline{DE}=15$，∠A＝70°，∠F＝60°，∠B＝50°

則：(1)$\overline{AB}=$ ？   (2)$\overline{EF}=$ ？   (3)$\overline{DF}=$ ？

(4)∠D＝ ？   (5)∠E＝ ？   (6)∠C＝ ？

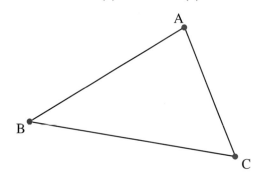
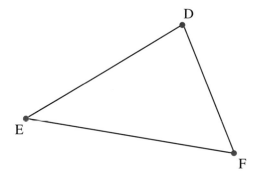

圖 2.1-8

 兩全等三角形的對應角相等且對應邊相等

敘述	理由
(1)$\overline{AB}=\overline{DE}=15$	已知△ABC ≅ △DEF & 對應邊$\overline{AB}$與$\overline{DE}$相等 & 已知$\overline{DE}=15$
(2)$\overline{EF}=\overline{BC}=16$	已知△ABC ≅ △DEF & 對應邊$\overline{EF}$與$\overline{BC}$相等 & 已知$\overline{BC}=16$
(3)$\overline{DF}=\overline{AC}=9$	已知△ABC ≅ △DEF & 對應邊$\overline{DF}$與$\overline{AC}$相等 & 已知$\overline{AC}=9$
(4)∠D＝∠A＝70°	已知△ABC ≅ △DEF & 對應角∠D與∠A相等 & 已知∠A＝70°
(5)∠E＝∠B＝50°	已知△ABC ≅ △DEF & 對應角∠E與∠B相等 & 已知∠B＝50°
(6)∠C＝∠F＝60°	已知△ABC ≅ △DEF & 對應角∠C與∠F相等 & 已知∠F＝60°

例題 2.1-4

圖2.1-9中，已知△ABC ≅ △DEF，且A、B、C的對應頂點分別是D、E、F。 若 $\overline{AB}=3x+6$，$\overline{BC}=16$，$\overline{AC}=9$，$\overline{EF}=6y-2$，$\overline{DE}=15$，則 x－y＝_____。

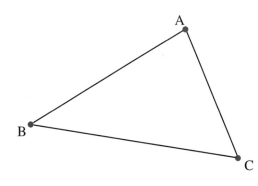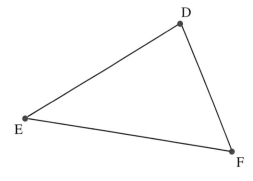

圖 2.1-9

 兩全等三角形的對應角相等且對應邊相等

敘述	理由
(1) $\overline{AB}=\overline{DE}$	已知△ABC ≅ △DEF & 對應邊 $\overline{AB}$ 與 $\overline{DE}$ 相等
(2) $3x+6=15$	將已知 $\overline{AB}=3x+6$ & $\overline{DE}=15$代入(1)
(3) $x=(15-6)\div3=3$	由(2) 解一元一次方程式
(4) $\overline{EF}=\overline{BC}$	已知△ABC ≅ △DEF & 對應邊 $\overline{EF}$ 與 $\overline{BC}$ 相等
(5) $6y-2=16$	將已知 $\overline{EF}=6y-2$ & $\overline{BC}=16$代入(4)
(6) $y=(16+2)\div6=3$	由(5) 解一元一次方程式
(7) $x-y=3-3=0$	由(3)式－(6)式

例題 2.1-5

如圖2.1-10，若△ABC ≅ △DEF，其中A、B、C的對應頂點分別是D、E、F，則：

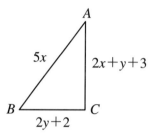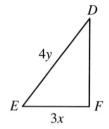

圖 2.1-10

(1) x＝＿＿＿，y＝＿＿＿。　　(2)$\overline{DE}$＝＿＿＿。

 兩全等三角形的對應角相等且對應邊相等

敘述	理由
(1)$\overline{AB} = \overline{DE}$	已知△ABC ≅ △DEF & 對應邊$\overline{AB}$與$\overline{DE}$相等
(2) 5x=4y	將已知$\overline{AB}$=5x & $\overline{DE}$=4y代入(1)
(3)$\overline{EF} = \overline{BC}$	已知△ABC ≅ △DEF & 對應邊$\overline{EF}$與$\overline{BC}$相等
(4) 3x=2y+2	將已知$\overline{EF}$=3x & $\overline{BC}$=2y+2代入(3)
(5) x=4 & y=5	由(2) & (4) 解二元一次聯立方程式
(6)$\overline{DF} = \overline{AC}$ =2x+y+3	已知△ABC ≅ △DEF & 對應邊$\overline{DF}$與$\overline{AC}$相等 & 已知$\overline{AC}$=2x+y+3
(7)$\overline{DF}$=2×4+5+3=16	將(5) x=4 & y=5 代入(6)

例題 **2.1-6**

如圖2.1-11，若△ABC ≅ △DEF，且∠A＝（3x＋4）°，
∠B＝（6y＋8）°，∠D＝70°，∠E＝50°，則x＋y＝？

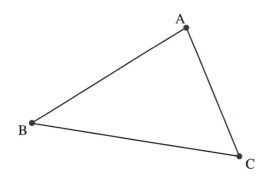
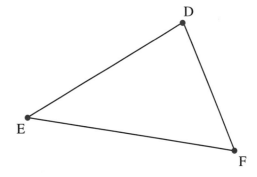

圖 2.1-11

 兩全等三角形的對應角相等且對應邊相等

敘述	理由
(1)∠A＝∠D	已知△ABC ≅ △DEF & 對應角∠D與∠A相等
(2)（3x＋4）°＝70°	將已知∠A＝（3x＋4）° & ∠D＝70°代入(1)
(3) x＝（70−4）÷3＝22	由(2) 解一元一次方程式
(4)∠B＝∠E	已知△ABC ≅ △DEF & 對應角∠E與∠B相等
(5)（6y＋8）°＝50°	將已知∠B＝（6y＋8）° & ∠E＝50°代入(4)
(6) y＝（50−8）÷6＝7	由(5) 解一元一次方程式
(7) x＋y＝22＋7＝29	由(3)式 ＋ (6)式

定理
2.1-2

全等三角形對應角的對邊相等
兩全等三角形△ABC及△DEF中，如∠A的對應角∠D，∠A＝∠D，則
∠A的對邊$\overline{BC}$等於∠D的對邊$\overline{EF}$。

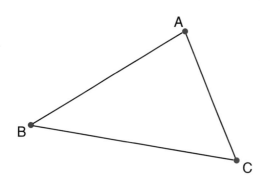
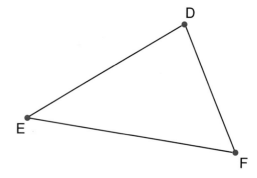

圖 2.1-12

圖2.1-12中，△ABC及△DEF 兩三角形全等，∠A＝∠D。

∠A的對邊$\overline{BC}$等於∠D的對邊$\overline{EF}$

敘述	理由
(1) 移動△DEF，使∠D與∠A完全相合	移形公理及∠A＝∠D的已知
(2) $\overline{AB}$ 與 $\overline{DF}$ 完全相合，E與B相合	已知△ABC ≅ △DEF
(3) $\overline{AC}$與$\overline{DF}$完全相合，F與C相合	已知△ABC ≅ △DEF
(4) $\overline{BC}=\overline{EF}$	由(2) & (3)兩點之間只有一條直線

Q. E. D.

用同樣的證明方法，我們可以得到以下的定理。

定理 2.1-3

全等三角形對應邊的對角相等

兩全等三角形△ABC及△DEF中，如$\overline{BC}$的對應邊$\overline{EF}$，$\overline{BC}=\overline{EF}$，則 $\overline{BC}$ 的對角∠A等於$\overline{EF}$ 的對角∠D。

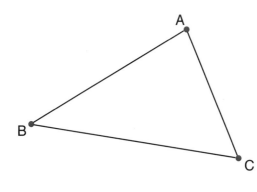 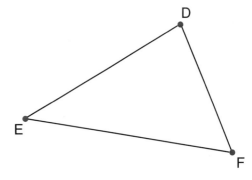

圖 2.1-13

 已知 圖2.1-13中，△ABC及△DEF 兩三角形全等，$\overline{BC}=\overline{EF}$ 。

 求證 $\overline{BC}$ 的對角∠A等於$\overline{EF}$ 的對角∠D

 證明

敘述	理由
(1) 移動△DEF，使$\overline{BC}$與$\overline{EF}$ 完全相合	移形公理及$\overline{BC}=\overline{EF}$ 的已知
(2) $\overline{AB}$ 與 $\overline{DE}$ 完全相合	已知△ABC ≅ △DEF
(3) $\overline{AC}$ 與 $\overline{DF}$ 完全相合	已知△ABC ≅ △DEF
(4) ∠A＝∠D	由(2) & (3)相同兩邊的夾角相等

Q. E. D.

習題 2-1

習題2.1-1　如圖2.1-14，在△ABC中，D、E兩點分別在 $\overline{AB}$ 、$\overline{AC}$ 上，且 $\overline{CD}$ 交 $\overline{BE}$ 於F點。則圖中可找出＿＿＿個三角形。

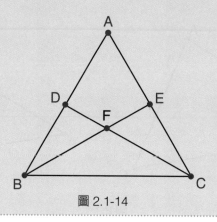

圖 2.1-14

習題2.1-2　△ABC中，若∠A＝35°，∠B＝25°，∠C＝120°，則△ABC為下列何種三角形？

(A)銳角三角形　(B)直角三角形　(C)鈍角三角形　(D)不能確定

習題2.1-3　若三角形中有三個內角為銳角，則此三角形為何種三角形？

習題 2.1-4　三角形的三個內角中，最多可以有＿＿＿＿＿＿個鈍角。

習題 2.1-5　下列何者為等腰三角形的三個邊？

(A) 2，3，4　(B) 11，15，23　(C) 5，10，11　(D) 10，10，15

習題 2.1-6　已知△ABC，則可作出幾個與△ABC的三內角對應相等的三角形？

(A) 一個　　(B) 兩個　　(C) 無限多個　　(D) 不能作三角形

習題 2.1-7　圖2.1-15中，△ABC及△DEF為兩全等三角形，試述∠B及∠C的對應角各為何角？ $\overline{BC}$ 及 $\overline{DE}$ 的對應邊各為何邊？

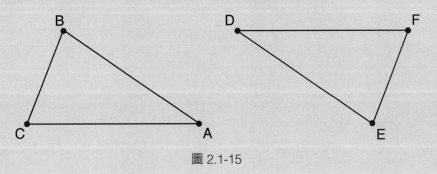

圖 2.1-15

習題2.1-8 圖2.1-16中，△ABC及△DEF為兩全等三角形，試述∠B及∠E的對邊各為何？$\overline{BC}$ 及 $\overline{DE}$ 的對角各為何角？

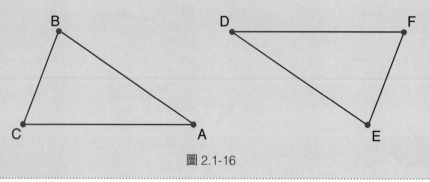

圖 2.1-16

習題2.1-9 圖2.1-17中，已知△ABC ≅ △DEF，且A、B、C的對應頂點分別是D、E、F。 若$\overline{BC}$＝6，$\overline{AC}$＝8，$\overline{DE}$＝10，∠A＝37°，∠F＝90°，∠B＝53°

則： (1) $\overline{AB}$ ＝ ? (2) $\overline{EF}$ ＝ ? (3) $\overline{DF}$ ＝ ?

(4) ∠D＝ ? (5) ∠E＝ ? (6) ∠C＝ ?

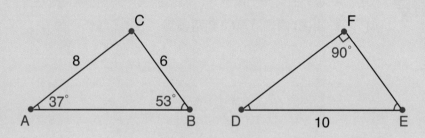

圖 2.1-17

習題2.1-10　圖2.1-18中，已知△ABC ≅ △DEF，且A、B、C的對應頂點分別是 D、E、F。 若 $\overline{AB}=3x+6$，$\overline{BC}=14$，$\overline{AC}=9$，$\overline{EF}=6y+2$， $\overline{DE}=18$，則x－y＝_____。

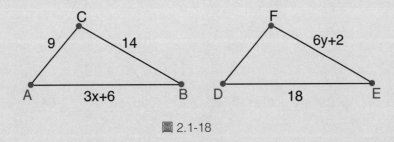

圖 2.1-18

習題2.1-11　圖2.1-19中，已知△ABC ≅ △PQR，若 $\overline{AB}=2x+3$，$\overline{BC}=4x-2$， $\overline{AC}=3x$，$\overline{PQ}=x+8$，則x＝_____。

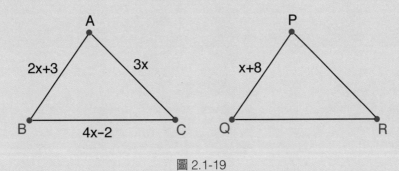

圖 2.1-19

習題2.1-12 　圖2.1-20中，若△ABC ≅ △DEF，且∠A＝（3x−4）°，
∠B＝（6y+10）°，∠D＝56°，∠E＝64°，則x＋y＝？

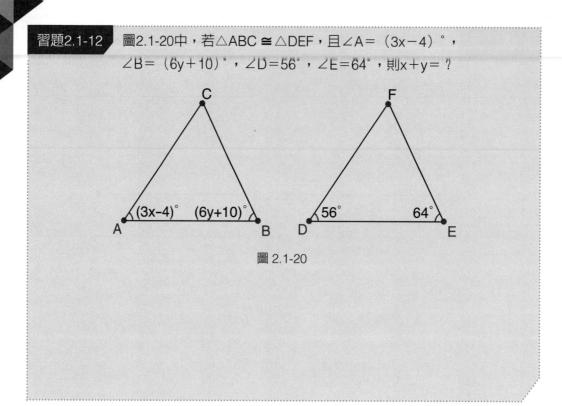

圖2.1-20

 2.2節 兩邊夾一角三角形全等定理
（S.A.S. 三角形全等定理）

在以下的三節中，我們將介紹三種證明三角形全等的定理。

定理 2.2-1

兩邊夾一角三角形全等定理，又稱S.A.S.三角形全等定理

假設有兩三角形△ABC及△A'B'C'，∠A的夾邊為 $\overline{AB}$ 與 $\overline{AC}$ ，∠A'的夾邊為 $\overline{A'B'}$ 與 $\overline{A'C'}$ ，如∠A = ∠A'，$\overline{AB} = \overline{A'B'}$ 及 $\overline{AC} = \overline{A'C'}$ ，則 △ABC ≅ △A'B'C'。

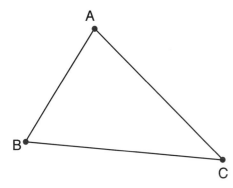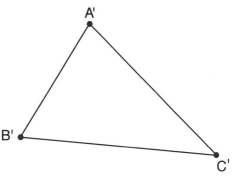

圖 2.2-1

 已知 圖2.2-1中，△ABC及△A'B'C'中，∠A的夾邊為 $\overline{AB}$ 與 $\overline{AC}$ ，∠A'的夾邊為 $\overline{A'B'}$ 與 $\overline{A'C'}$ ，∠A= ∠A'，$\overline{AB} = \overline{A'B'}$ 及 $\overline{AC} = \overline{A'C'}$ 。

 求證 △ABC ≅ △A'B'C'

 想法 可以完全相合的兩個三角形，叫做全等三角形

 證明

敘述	理由
(1) 移動△A'B'C'，使∠A'與∠A完全相合	移形公理及已知
(2) B與B'相合	已知 $\overline{AB} = \overline{A'B'}$
(3) C與C'相合	已知 $\overline{AC} = \overline{A'C'}$
(4) $\overline{BC} = \overline{B'C'}$	由(2) & (3)兩點之間只有一條直線
(5) △ABC ≅ △ A'B'C'	全等三角形定義

以上之定理也叫做S.A.S.三角形全等定理。

Q. E. D

例題 2.2-1

如圖2.2-2，△ABC與△PQR是否全等？為什麼？

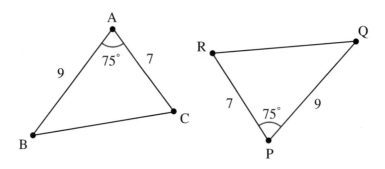

圖 2.2-2

 想法 兩邊夾一角三角形全等定理，又稱S.A.S.三角形全等定理

 解

敘述	理由
(1)在△ABC與△PQR中 $\overline{AC} = \overline{PR} = 7$ $\angle A = \angle P = 75°$ $\overline{AB} = \overline{PQ} = 9$	如圖2.2-2，已知
(2) △ABC ≅ △PQR	由(1) 根據S.A.S.三角形全等定理

例題 **2.2-2**

圖2.2-3(a)中的 (A)、(B)、(C)三圖，何者與圖2.2- 3的△PQR全等？

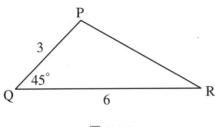

圖 2.2-3

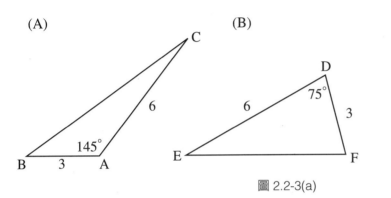

圖 2.2-3(a)

 兩邊夾一角三角形全等定理，又稱S.A.S.三角形全等定理

敘述	理由
(1)在△PQR與△GHI中 $\overline{PQ}=\overline{GH}=3$ ∠Q＝∠H＝45° $\overline{QR}=\overline{HI}=6$	如圖2.2-3與圖2.2-3(a)
(2)△PQR ≅ △GHI	由(1)根據S.A.S.三角形全等定理
(3)所以答案選(C)	

| 定義 2.2-1 | **若三角形中有一角為直角，則此三角形為一直角三角形** |

如圖2.2-4，△ABC中，∠C＝90°，因此 △ABC是一直角三角形。

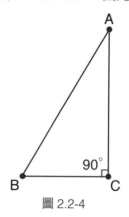

圖 2.2-4

由S.A.S. 三角形全等定理及直角三角形的定義，我們可以得到以下的定理。

| 定理 2.2-2 | **直角三角形全等定理**
若一直角三角形其直角的兩個夾邊等於另一直角三角形直角的兩個夾邊，則此兩三角形全等。 |

 如圖2.2-5，∠B與∠B'都是直角，若 $\overline{AB} = \overline{A'B'}$ ， $\overline{BC} = \overline{B'C'}$

 △ABC ≅ △A'B'C'

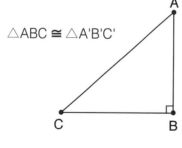 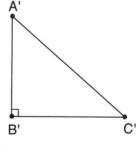

圖 2.2-5

 兩邊夾一角三角形全等定理，又稱S.A.S.三角形全等定理

敘述	理由
(1) 在△ABC與△A'B'C'中 　　$\overline{AB} = \overline{A'B'}$ 　　∠B＝∠B'＝90° 　　$\overline{BC} = \overline{B'C'}$	如圖2.2-5， 已知 $\overline{AB} = \overline{A'B'}$ 已知∠B與∠B'都是直角 已知 $\overline{BC} = \overline{B'C'}$
(2) △ABC ≅ △A'B'C'	由 (1)根據S.A.S.三角形全等定理

Q. E. D

例題 **2.2-3**

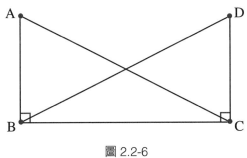

圖 2.2-6

 已知　如圖2.2-6，$\overline{AB} \perp \overline{BC}$，$\overline{DC} \perp \overline{BC}$，$\overline{AB} = \overline{DC}$。

 證明　$\angle A = \angle D$。

 想法　(1) 兩邊夾一角三角形全等定理，又稱S.A.S.三角形全等定理
　　　　(2) 兩全等三角形之對應角相等

 證明

敘述	理由
(1)在△ABC與△DCB中 　　$\overline{AB} = \overline{DC}$ 　　$\angle ABC = \angle DCB = 90°$ 　　$\overline{BC} = \overline{CB}$	如圖2.2-6， 已知 $\overline{AB} = \overline{DC}$ 已知$\overline{AB} \perp \overline{BC}$，$\overline{DC} \perp \overline{BC}$ 共同邊
(2)△ABC ≅ △DCB	由(1) S.A.S.三角形全等定理
(3)$\angle A = \angle D$	由(2) 兩全等三角形之對應角相等

Q. E. D

例題 **2.2-4**

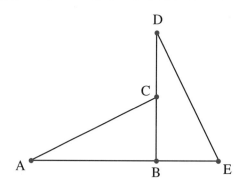

圖 2.2-7

 如圖2.2-7，$\overline{DB} \perp \overline{AE}$，若 $\overline{AB} = \overline{BD}$，$\overline{CB} = \overline{BE}$，

 $\angle DEB = \angle ACB$

 (1) 兩邊夾一角三角形全等定理，又稱S.A.S.三角形全等定理
(2) 兩全等三角形之對應角相等

敘述	理由
(1)在△ABC與△DBE中 　　$\overline{AB} = \overline{DB}$ 　　$\angle ABC = \angle DBE = 90°$ 　　$\overline{CB} = \overline{EB}$	如圖2.2-7， 已知 $\overline{AB} = \overline{BD}$ 已知 $\overline{DB} \perp \overline{AE}$ 已知 $\overline{CB} = \overline{BE}$
(2) △ABC ≅ △DBE	由(1) S.A.S.三角形全等定理
(3) $\angle DEB = \angle ACB$	由(2) 兩全等三角形之對應角相等

Q. E. D

以下我們要證明一個很重要而且經常用到的定理，在證明的過程中，我們要做一條輔助線，所謂輔助線，乃是原來題目中並未有的線段，為了證明的需要，必須做的線段。

在幾何學中，作角的平分線並不是容易的事，屬於幾何作圖這一節所要教的項目，我們以後會教大家如何做一個角的平分線，目前，先假設我們可以作一個角的平分線。

定理 2.2-3

等腰三角形底角相等定理
一等腰三角形的兩底角相等。

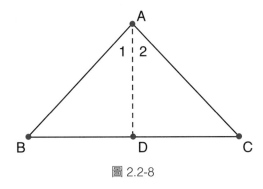

圖 2.2-8

已知 △ABC中，$\overline{AB} = \overline{AC}$

求證 ∠B＝∠C

想法 (1) 兩邊夾一角三角形全等定理，又稱S.A.S.三角形全等定理
(2) 兩全等三角形之對應角相等

證明

敘述	理由
(1) 作∠BAC之平分線，此線與$\overline{BC}$交於 D，則∠1＝∠2	如圖2.2-8所示　角平分線的定義
(2) △ADB及△ADC中，$\overline{AD} = \overline{AD}$　∠1＝∠2　$\overline{AB} = \overline{AC}$	如圖2.2-8　兩三角形共用$\overline{AD}$邊　由(1) ∠1＝∠2　已知$\overline{AB} = \overline{AC}$
(3) △ADB ≅ △ADC	由(2)S.A.S三角形全等定理
(4) ∠B＝∠C	由(3)兩全等三角形之對應角相等

Q. E. D.

S.A.S.定理是很有用的定理，我們可以利用它來證明很多三角形全等，也可以經由三角形全等而進一步證明對應邊與對應角的相等。

定理 2.2-4

等腰三角形頂角平分線平分底邊
等腰三角形頂角平分線平分底邊。

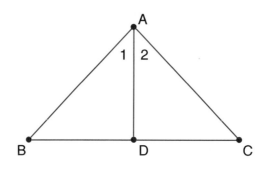

圖 2.2-9

已知 如圖2.2-9，△ABC中，$\overline{AB} = \overline{AC}$，∠BAC之平分線與$\overline{BC}$相交於D點

求證 $\overline{BD} = \overline{CD}$

想法 (1) 兩邊夾一角三角形全等定理，又稱S.A.S.三角形全等定理
(2) 兩全等三角形之對應邊相等

證明

敘 述	理 由
(1) △ADB和△ADC中	如圖2.2-9所示
$\overline{AD} = \overline{AD}$	兩三角形共用$\overline{AD}$
∠1 = ∠2	已知∠BAC之平分線與$\overline{BC}$相交於D點
$\overline{AB} = \overline{AC}$	已知$\overline{AB} = \overline{AC}$
(2) △ADB ≅ △ADC	由(1) S.A.S.三角形全等定理
(3) $\overline{BD} = \overline{CD}$	由(2) 兩全等三角形之對應邊相等

Q. E. D.

等腰三角形頂角平分線垂直底邊

等腰三角形頂角平分線垂直底邊。

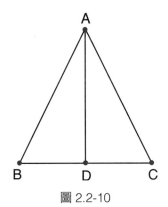

圖 2.2-10

 如圖2.2-10，△ABC是等腰三角形，$\overline{AB} = \overline{AC}$，$\overline{AD}$ 是∠BAC的角平分線

 求證 $\overline{AD} \perp \overline{BC}$

想法 若能證得∠ADB＝∠ADC＝90°，則可得$\overline{AD} \perp \overline{BC}$

證明

敘述	理由
(1) 在△ABD與△ACD中 　　$\overline{AB} = \overline{AC}$ 　　∠BAD＝∠CAD 　　$\overline{AD} = \overline{AD}$	如圖2.2-10所示 已知 $\overline{AB} = \overline{AC}$ 已知 $\overline{AD}$ 是∠BAC的角平分線 $\overline{AD}$ 為共同邊
(2) △ABD ≅ △ACD	由(1) S.A.S.三角形全等定理
(3) ∠ADB＝∠ADC	由(2) 對應角相等
(4) ∠ADB＋∠ADC＝180°	如圖2.2-10，∠ADB＋∠ADC＝∠CDB為平角
(5) ∠ADC＋∠ADC＝180°	將(3) ∠ADB＝∠ADC 代入(4)
(6) ∠ADC＝90°	由(5) 解一元一次方程式
(7) $\overline{AD} \perp \overline{BC}$	由(6) ∠ADC＝90°

Q. E. D.

由定理2.2-3（等腰三角形底角相等定理）& 定理2.2-4（等腰三角形頂角平分線平分底邊）& 定理2.2-5（等腰三角形頂角平分線垂直底邊）

我們可以得知，等腰三角形有以下的性質：

1. 等腰三角形兩腰等長。

2. 等腰三角形兩底角相等。

3. 等腰三角形頂角平分線垂直平分底邊。

   （也就是說等腰三角形頂角平分線為底邊的中垂線）。

   以上等腰三角形的性質，在以後的幾何題目中，將會經常使用，請同學熟記。

例題 **2.2-5**

如圖2.2-11，△ABC是等腰三角形，$\overline{AB}=\overline{AC}$，且$\overline{AD}$是∠BAC的角平分線，若$\overline{BD}=5$，則：

(1) ∠ADC＝？　　(2) $\overline{CD}$＝？

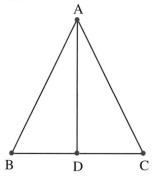

圖 2.2-11

 等腰三角形頂角平分線垂直平分底邊

敘述	理由
(1)∠BAC為等腰三角形ABC的頂角	已知△ABC是等腰三角形，$\overline{AB}=\overline{AC}$
(2)$\overline{AD}\perp\overline{BC}$ & $\overline{BD}=\overline{CD}$	由(1) & 已知$\overline{AD}$是∠BAC的角平分線& 等腰三角形頂角平分線垂直平分底邊
(3)所以∠ADC=90°	由(2)$\overline{AD}\perp\overline{BC}$
(4)所以$\overline{CD}=5$	由(2)$\overline{BD}=\overline{CD}$ & 已知$\overline{BD}=5$

定理 2.2-6	一線段之中垂線上任一點到此線段的兩端點等距離

一線段之中垂線上任一點到此線段的兩端點等距離。

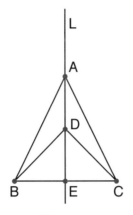

圖 2.2-12

 如圖2.2-12，L為 $\overline{BC}$ 的垂直平分線（中垂線），A、D為L上任意之兩點

 $\overline{AB} = \overline{AC}$ & $\overline{DB} = \overline{DC}$

 (1) 兩邊夾一角三角形全等定理，又稱S.A.S.三角形全等定理

(2) 兩全等三角形之對應邊相等

敘述	理由
(1) △ABE和△ACE中	如圖2.2-12所示
$\overline{AE} = \overline{AE}$	共同邊
∠AEB=∠AEC＝90°	已知L為 $\overline{BC}$ 的垂直平分線（中垂線）
$\overline{BE} = \overline{CE}$	已知L為 $\overline{BC}$ 的垂直平分線（中垂線）
(2) △ABE ≅ △ACE	由(1) S.A.S.三角形全等定理
(3) $\overline{AB} = \overline{AC}$	由(2) 對應邊相等
(4) △DBE和△DCE中	如圖2.2-12所示
$\overline{DE} = \overline{DE}$	共同邊
∠DEB=∠DEC＝90°	已知L為 $\overline{BC}$ 的垂直平分線（中垂線）
$\overline{BE} = \overline{CE}$	已知L為 $\overline{BC}$ 的垂直平分線（中垂線）
(5) △DBE ≅ △DCE	由(4) S.A.S.三角形全等定理
(6) $\overline{DB} = \overline{DC}$	由(5) 兩全等三角形之對應邊相等

Q. E. D.

例題 2.2-6

如圖2.2-13，L為 $\overline{BC}$ 的垂直平分線（中垂線），A、D為L上任意之兩點，
若 $\overline{AB}=10$，$\overline{DC}=8$，則：

(1) $\overline{AC}=$?　　(2) $\overline{DB}=$?

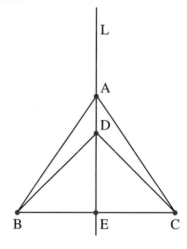

圖 2.2-13

 中垂線上任一點，到線段的兩端點等距離

敘述	理由
(1) $\overline{AC}=\overline{AB}=10$	已知L為 $\overline{BC}$ 的垂直平分線（中垂線），A為L上任意之點 & 中垂線上任一點，到線段的兩端點等距離 & 已知 $\overline{AB}=10$
(2) $\overline{DB}=\overline{DC}=8$	已知L為 $\overline{BC}$ 的垂直平分線（中垂線），D為L上任意之點 & 中垂線上任一點，到線段的兩端點等距離 & 已知 $\overline{DC}=8$

例題 **2.2-7**

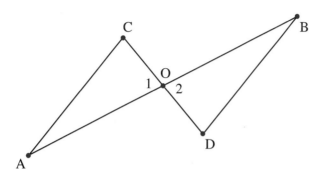

圖 2.2-14

 圖2.2-14中，$\overline{AB}$ 與 $\overline{CD}$ 交於O點，$\overline{OA}=\overline{OB}$，$\overline{OC}=\overline{OD}$，

 $\overline{AC}=\overline{BD}$

 (1) 兩邊夾一角三角形全等定理，又稱S.A.S.三角形全等定理
(2) 兩全等三角形之等應邊相等

敘述	理由
(1) △AOC和△BOD中	如圖2.2-14所示
∠1＝∠2	對頂角相等
$\overline{OA}=\overline{OB}$	已知 $\overline{OA}=\overline{OB}$
$\overline{OC}=\overline{OD}$	已知 $\overline{OC}=\overline{OD}$
(2) △AOC ≅ △BOD	由(1) S.A.S.三角形全等定理
(3) $\overline{AC}=\overline{BD}$	由(2) 兩全等三角形之對應邊相等

Q. E. D.

例題 **2.2-8**

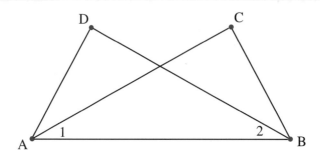

圖 2.2-15

 圖2.2-15中，∠1＝∠2，$\overline{AC} = \overline{BD}$

 $\overline{AD} = \overline{BC}$

 (1) 兩邊夾一角三角形全等定理，又稱S.A.S.三角形全等定理
(2) 兩全等三角形之對應邊相等

敘述	理由
(1) △ABC和△BAD中	如圖2.2-15所示
∠1＝∠2	已知∠1＝∠2
$\overline{AB} = \overline{BA}$	共同邊
$\overline{AC} = \overline{BD}$	已知 $\overline{AC} = \overline{BD}$
(2) △ABC ≅ △BAD	由(1) S.A.S.三角形全等定理
(3) $\overline{AD} = \overline{BC}$	由(2) 兩全等三角形之對應邊相等

Q. E. D.

例題 **2.2-9**

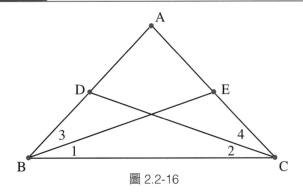

圖 2.2-16

 已 知　圖2.2-16中，$\overline{AB} = \overline{AC}$，$\overline{AD} = \overline{AE}$

求 證　∠1＝∠2。

想 法　(1) 兩邊夾一角三角形全等定理，又稱S.A.S.三角形全等定理
　　　　(2) 兩全等三角形之對應角相等

證 明

敘述	理由
(1) △ABE和△ACD中	如圖2.2-16所示
∠A＝∠A	兩三角形共用∠A
$\overline{AE} = \overline{AD}$	已知 $\overline{AD} = \overline{AE}$
$\overline{AB} = \overline{AC}$	已知 $\overline{AB} = \overline{AC}$
(2) △ABE ≅ △ACD	由(1) S.A.S.三角形全等定理
(3) ∠3＝∠4	由(2) 兩全等三角形之對應角相等
(4) △ABC為等腰三角形	已知 $\overline{AB} = \overline{AC}$
(5) ∠ABC＝∠ACB	等腰三角形底角相等
(6) ∠1＝∠ABC－∠3	如圖2.2-16所示，∠1＝∠ABC－∠3
∠2＝∠ACB－∠4	如圖2.2-16所示，∠2＝∠ACB－∠4
(7) ∠2＝∠ABC－∠3＝∠1	將(3) ∠3＝∠4 & (5) ∠ABC＝∠ACB
因此∠1＝∠2	代入(6) ∠2＝∠ACB－∠4

Q. E. D.

例題 2.2-10

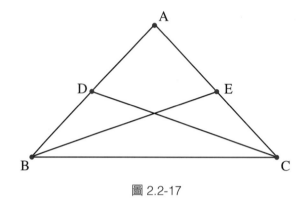

圖 2.2-17

 已知　圖2.2-17中，$\overline{AB} = \overline{AC}$，$\overline{BD} = \overline{CE}$

 求證　∠CDB＝∠BEC

 想法　(1) 兩邊夾一角三角形全等定理，又稱S.A.S.三角形全等定理
(2) 兩全等三角形之對應角相等

 證明

敘述	理由
(1) △ABC為等腰三角形	已知 $\overline{AB} = \overline{AC}$
(2) ∠DBC＝∠ECB	由(1) 等腰三角形底角相等
(3) △DBC和△ECB中	如圖2.2-17所示
$\overline{BC} = \overline{CB}$	兩三角形共用此邊
∠DBC＝∠ECB	由(2)已證
$\overline{BD} = \overline{CE}$	已知 $\overline{BD} = \overline{CE}$
(4) △DBC ≅ △ECB	由(3) S.A.S.三角形全等定理
(5) ∠CDB＝∠BEC	由(4) 兩全等三角形之對應角相等

Q. E. D.

例題 **2.2-11**

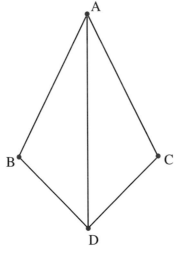

圖 2.2-18

圖2.2-18中，$\overline{AD}$ 是∠BAC的角平分線，且 $\overline{AB} = \overline{AC}$

△ABD ≅ △ACD

兩邊夾一角三角形全等定理，又稱S.A.S.三角形全等定理

敘　述	理　由
(1) 在△ABD與△ACD中	如圖2.2-18所示
$\overline{AB} = \overline{AC}$	已知 $\overline{AB} = \overline{AC}$
∠BAD＝∠CAD	已知 $\overline{AD}$ 是∠BAC的角平分線
$\overline{AD} = \overline{AD}$	$\overline{AD}$ 為共同邊
(2) △ABD ≅ △ACD	由(1) S.A.S.三角形全等定理

Q. E. D.

例題 **2.2-12**

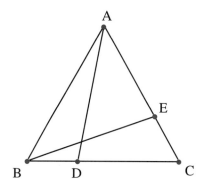

圖 2.2-19

如圖2.2-19，△ABC為正三角形，$\overline{BD} = \overline{CE}$

$\overline{AD} = \overline{BE}$

(1) 兩邊夾一角三角形全等定理，又稱S.A.S.三角形全等定理
(2) 兩全等三角形之對應邊相等

敘述	理由
(1) 在△ABD與△BCE中	如圖2.2-19所示
$\overline{AB} = \overline{BC}$	已知△ABC為正三角形&正三角形為等邊三角形
∠ABD＝∠BCE	已知△ABC為正三角形&正三角形為等角三角形
$\overline{BD} = \overline{CE}$	已知 $\overline{BD} = \overline{CE}$
(2) △ABD ≅ △BCE	由(1) S.A.S.三角形全等定理
(3) $\overline{AD} = \overline{BE}$	由(2) 兩全等三角形之對應邊相等

Q. E. D.

例題 **2.2-13**

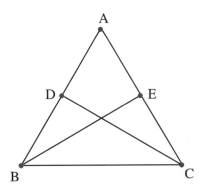

圖 2.2-20

 △ABC中，$\overline{AB} = \overline{AC}$，$\overline{BD} = \overline{CE}$，如圖2.2-20。

 $\overline{BE} = \overline{CD}$

 (1) 兩邊夾一角三角形全等定理，又稱S.A.S.三角形全等定理
(2) 兩全等三角形之對應邊相等

敘述	理由
(1) 在△ABC中 　　$\overline{AB} = \overline{AC}$ 且 $\overline{BD} = \overline{CE}$	如圖2.2-20所示 已知 $\overline{AB} = \overline{AC}$ 且 $\overline{BD} = \overline{CE}$
(2) $\overline{AB} - \overline{BD} = \overline{AC} - \overline{CE}$ 　　所以 $\overline{AD} = \overline{AE}$	由(1) 等量減法公理
(3) 在△ABE與△ACD中 　　$\overline{AB} = \overline{AC}$ 　　∠A=∠A 　　$\overline{AD} = \overline{AE}$	如圖2.2-20所示 已知 $\overline{AB} = \overline{AC}$ 共用角 由(2) 已證
(4) △ABE ≅ △ACD	由(3) S.A.S.三角形全等定理
(5) $\overline{BE} = \overline{CD}$	由(4) 兩全等三角形之對應邊相等

Q. E. D.

例題 2.2-14

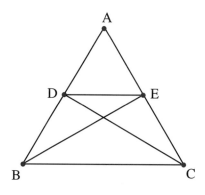

圖 2.2-21

 如圖2.2-21，△ABC與△ADE都是等腰三角形

 $\overline{CD} = \overline{BE}$

 (1) 兩邊夾一角三角形全等定理，又稱S.A.S.三角形全等定理
(2) 兩全等三角形之對應邊相等

敘述	理由
(1) 在△ADC與△AEB中 $\overline{AD} = \overline{AE}$ ∠A＝∠A $\overline{AC} = \overline{AB}$	如圖2.2-21， 已知△ADE是等腰三角形 共同角 已知△ABC是等腰三角形
(2) △ADC ≅ △AEB	由(1) S.A.S.三角形全等定理
(3) $\overline{CD} = \overline{BE}$	由(2) 兩全等三角形之對應邊相等

Q. E. D.

例題 **2.2-15**

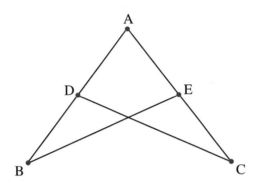

圖 2.2-22

 已知　如圖2.2-22，$\overline{AB} = \overline{AC}$，D、E分別為$\overline{AB}$、$\overline{AC}$之中點。

 求證　$\angle AEB = \angle ADC$

 想法　(1) 兩邊夾一角三角形全等定理，又稱S.A.S.三角形全等定理
　　　(2) 兩全等三角形之對應角相等

 證明

敘述	理由
(1) 在△ABE與△ACD中 　　$\overline{AB} = \overline{AC}$ 　　$\angle A = \angle A$ 　　$\overline{AE} = \frac{1}{2}\overline{AC} = \frac{1}{2}\overline{AB} = \overline{AD}$	如圖2.2-22所示 已知 $\overline{AB} = \overline{AC}$ 共同角 已知D、E分別為$\overline{AB}$、$\overline{AC}$之中點
(2) △ABE ≅ △ACD	由(1) S.A.S.三角形全等定理
(3) $\angle AEB = \angle ADC$	由(2) 兩全等三角形之對應角相等

Q. E. D.

習題 2-2

習題 2.2-1

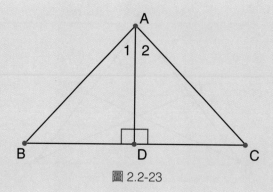

圖 2.2-23

已知：圖 2.2-23 中，$\overline{AD} \perp \overline{BC}$，$\overline{BD} = \overline{CD}$

求證：△ABC為一等腰三角形。且∠1＝∠2。

習題 2.2-2

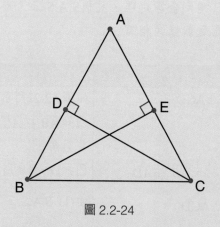

圖 2.2-24

已知：圖 2.2-24 中，$\overline{CD} \perp \overline{AB}$，$\overline{BE} \perp \overline{AC}$，$\overline{AD} = \overline{AE}$，$\overline{DC} = \overline{EB}$

求證：$\overline{AB} = \overline{AC}$

習題 2.2-3

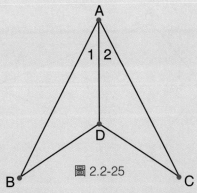

圖 2.2-25

已知：圖2.2-25中，∠1＝∠2，$\overline{AB}=\overline{AC}$

求證：$\overline{BD}=\overline{CD}$

習題 2.2-4

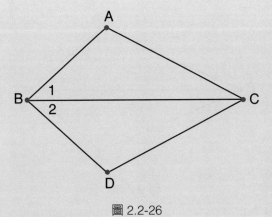

圖 2.2-26

已知：圖2.2-26中，∠1＝∠2，$\overline{AB}=\overline{BD}$

求證：$\overline{AC}=\overline{DC}$

習題 2.2-5

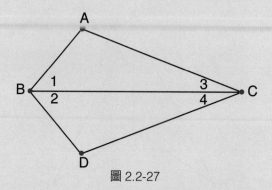

圖 2.2-27

已知：圖2.2-27中，$\overline{AB}=\overline{BD}$，$\overline{AC}=\overline{DC}$，$\angle A=\angle D$

求證：$\angle 1=\angle 2$，$\angle 3=\angle 4$

習題 2.2-6

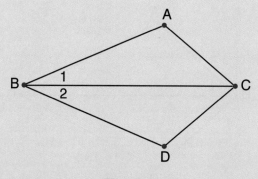

圖 2.2-28

已知：圖2.2-28中，$\overline{AB}=\overline{BD}$，$\angle 1=\angle 2$

求證：$\angle A=\angle D$

習題 2.2-7

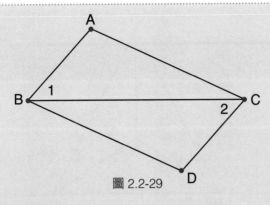

圖 2.2-29

已知：圖2.2-29中，∠1＝∠2，$\overline{AB} = \overline{DC}$

求證：∠A＝∠D

習題 2.2-8

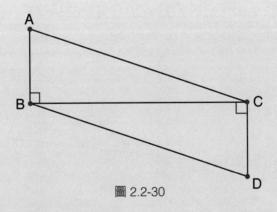

圖 2.2-30

已知：圖 2.2-30 中，$\overline{AB} \perp \overline{BC}$，$\overline{DC} \perp \overline{BC}$，$\overline{AB} = \overline{DC}$

求證：$\overline{AC} = \overline{DB}$

習題 2.2-9

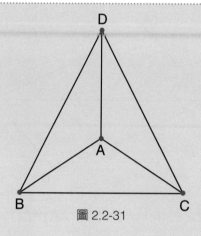

圖 2.2-31

已知：圖2.2-31中，∠DAB＝∠DAC，$\overline{AB}=\overline{AC}$

求證：$\overline{DB}=\overline{DC}$

習題2.2-10　如圖2.2-32，已知 $\overline{AB}$ 與 $\overline{CD}$ 相交於E點，$\overline{AE}=\overline{EB}$，$\overline{CE}=\overline{ED}$。
若∠1＝32°，∠A＝78°，則∠B＝＿＿＿度。

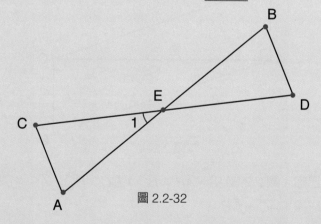

圖 2.2-32

習題2.2-11　如圖2.2-33，△ABC是等腰三角形，$\overline{AB} = \overline{AC}$，且$\overline{AD}$是∠BAC的角平分線，若$\overline{BD} = 10$，則：

(1) ∠ADC = ?　　(2) $\overline{CD}$ = ?

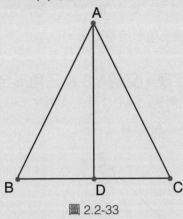

圖 2.2-33

習題2.2-12　如圖2.2-34，L為$\overline{BC}$的垂直平分線（中垂線），A、D為L上任意之兩點，若$\overline{AB} = 7$，$\overline{DC} = 5$，則：

(1) $\overline{AC}$ = ?　　(2) $\overline{DB}$ = ?

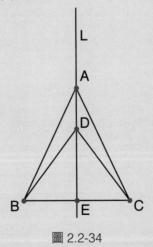

圖 2.2-34

2.3 節 兩角夾一邊三角形全等定理 （A.S.A. 三角形全等定理）

上一節，我們提出了兩邊夾一角定理，在此一節，我們將提出另一個有關全等三角形的定理，所謂兩角夾一邊三角形全等定理。

定理 2.3-1

兩角夾一邊定理，又稱A.S.A.三角形全等定理

假設有兩個三角形△ABC及△A'B'C'，$\angle A = \angle A'$，$\angle B = \angle B'$，$\overline{AB} = \overline{A'B'}$，則△ABC $\cong$ △A'B'C'。

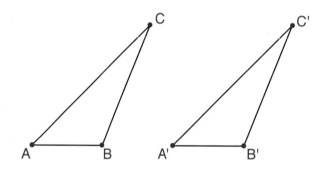

圖 2.3-1

已知 如圖2.3-1，△ABC與△A'B'C'中，$\angle A = \angle A'$，$\angle B = \angle B'$，$\overline{AB} = \overline{A'B'}$

求證 △ABC $\cong$ △A'B'C'

想法 可以完全相合的兩個三角形，叫做全等三角形

敘述	理由
(1) 移動△A'B'C'，使 $\overline{AB}$ 與 $\overline{A'B'}$ 完全相合，如圖2.3-1(a)所示	移形公理及已知 $\overline{AB} = \overline{A'B'}$ 圖2.3-1(a)
(2) $\overline{AC}$ 與 $\overline{AC'}$ 為同一條直線 　　（也就是說A、C、C'三點共線）	已知∠A＝∠A' & 由(1) $\overline{AB}$ 與 $\overline{A'B'}$ 完全相合
(3) 假設C、C'為不同的兩個點	假設
(4) ∠ABC ≠ ∠A'B'C'	由(1) $\overline{AB} = \overline{A'B'}$ & (2) A、C、C' 三點共線 & (3) C、C' 為不同的兩個點
(5) 所以C、C'為相同的點	由(4) ∠ABC ≠ ∠A'B'C' 與已知 ∠B＝∠B' 互相矛盾，所以(3)的假設不成立
(6) 所以 $\overline{AC} = \overline{A'C'}$ 、 $\overline{BC} = \overline{B'C'}$	由(5) C、C' 為相同的點 & (1) $\overline{AB}$ 與 $\overline{A'B'}$ 完全相合
(7) 所以△ABC ≅ △A'B'C'	由(1) $\overline{AB} = \overline{A'B'}$ & (6) $\overline{AC} = \overline{A'C'}$ 、 $\overline{BC} = \overline{B'C'}$

Q. E. D.

有了兩角夾一邊定理，我們可以證明很多定理，有些過去已經證明過的例子，仍然可以用這個定理來證明。

例題 **2.3-1**

（等腰三角形頂角平分角線平分底邊）

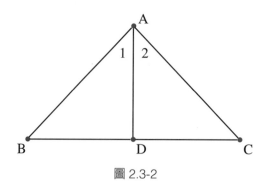

圖 2.3-2

已知　如圖2.3-2，△ABC中，$\overline{AB} = \overline{AC}$，∠1＝∠2

求證　$\overline{BD} = \overline{CD}$

想法　(1) 已知判斷兩個三角形全等的方法有：

　　1. 兩邊夾一角三角形全等定理，又稱S.A.S.三角形全等定理

　　2. 兩角夾一邊三角形全等定理，又稱A.S.A.三角形全等定理

(2) 兩全等三角形之對應邊相等

證明

敘述	理由
(1) △ABC為等腰三角形	已知 $\overline{AB} = \overline{AC}$
(2) ∠B＝∠C	由(1)等腰三角形底角相等
(3) △ADB和△ADC中 　　∠1＝∠2 　　$\overline{AB} = \overline{AC}$ 　　∠B＝∠C	如圖2.3-2所示 已知∠1＝∠2 已知 $\overline{AB} = \overline{AC}$ 由(2)已證
(4) △ADB ≅ △ADC	由(3) A.S.A.三角形全等定理
(5) $\overline{BD} = \overline{CD}$	由(4) 兩全等三角形之對應邊相等

Q. E. D.

例題 **2.3-2**

(等腰三角形頂角平分角線垂直底邊)

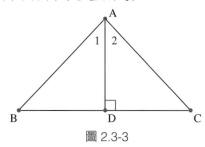

圖 2.3-3

 如圖2.3-3，△ABC中，$\overline{AB}=\overline{AC}$，∠1＝∠2

 $\overline{AD}\perp\overline{BC}$

 (1) 已知判斷兩個三角形全等的方法有：

　　1. 兩邊夾一角三角形全等定理，又稱S.A.S.三角形全等定理

　　2. 兩角夾一邊三角形全等定理，又稱A.S.A.三角形全等定理

(2) 兩全等三角形之對應角相等

敘述	理由
(1) △ABC為等腰三角形	已知 $\overline{AB}=\overline{AC}$
(2) ∠B＝∠C	由(1) 等腰三角形底角相等
(3) △ADB及△ADC中 　　∠1＝∠2 　　$\overline{AB}=\overline{AC}$ 　　∠B＝∠C	如圖2.3-3所示 已知∠1＝∠2 已知 $\overline{AB}=\overline{AC}$ 由(2)已證
(4) △ADB ≅ △ADC	由(3) A.S.A.三角形全等定理
(5) ∠ADB＝∠ADC	由(4) 兩全等三角形之對應角相等
(6) ∠ADB＋∠ADC＝180°	如圖2.3-3所示，$\overline{BC}$ 為一直線
(7) ∠ADC＋∠ADC＝180°	將(5) ∠ADB＝∠ADC 代入 (6)
(8) ∠ADC＝180°÷2＝90°	由(7) 解一元一次方程式
(9) 所以 $\overline{AD}\perp\overline{BC}$	由(8) ∠ADC＝90° 已證

Q. E. D.

由定理2.2-3（等腰三角形底角相等定理）、例題2.3-1（等腰三角形頂角平分線平分底邊）及例題2.3-2（等腰三角形頂角平分線垂直底邊），我們可以再次得知，等腰三角形有以下的性質：

1.等腰三角形兩腰等長
2.等腰三角形兩底角相等
3.等腰三角形頂角平分線垂直平分底邊

（也就是說等腰三角形頂角平分線為底邊的中垂線）

以上等腰三角形的性質，在以後的幾何題目中，將會經常使用，請同學熟記。

例題 2.3-3

 已知 如圖2.3-4，△ABC中，$\overline{AB}=\overline{AC}$，∠1＝∠2

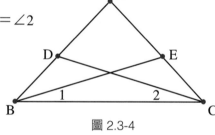

圖 2.3-4

 求證 △BEC ≅ △CDB

 想法 已知判斷兩個三角形全等的方法有：
1. 兩邊夾一角三角形全等定理，又稱S.A.S.三角形全等定理
2. 兩角夾一邊三角形全等定理，又稱A.S.A.三角形全等定理

 證明

敘述	理由
(1)△ABC為等腰三角形	已知 $\overline{AB}=\overline{AC}$
(2)∠DBC＝∠ECB	由(1) 等腰三角形底角相等
(3)△BEC及△CDB中	如圖2.3-4所示
∠DBC＝∠ECB	由(2) 已證
$\overline{BC}=\overline{CB}$	共用邊
∠1＝∠2	已知∠1＝∠2
(4)△BEC ≅ △CDB	由(3) A.S.A.三角形全等定理

Q. E. D.

例題 **2.3-4**

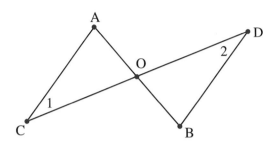

圖 2.3-5

 如圖2.3-5，∠1＝∠2，$\overline{OC} = \overline{OD}$

 $\overline{AO} = \overline{BO}$

 (1) 已知判斷兩個三角形全等的方法有：

　　　1. 兩邊夾一角三角形全等定理，又稱S.A.S.三角形全等定理

　　　2. 兩角夾一邊三角形全等定理，又稱A.S.A.三角形全等定理

(2) 兩全等三角形之對應邊相等

敘　述	理　由
(1) △AOC及△BOD中	如圖2.3-5所示
∠AOC＝∠BOD	對頂角相等
$\overline{OC} = \overline{OD}$	已知 $\overline{OC} = \overline{OD}$
∠1＝∠2	已知∠1＝∠2
(2) △AOC ≅ △BOD	由(1) A.S.A.三角形全等定理
(3) $\overline{AO} = \overline{BO}$	由(2) 兩全等三角形之對應邊相等

Q. E. D.

例題 **2.3-5**

圖2.3-6中，△ABC與△PQR是否全等？為什麼？

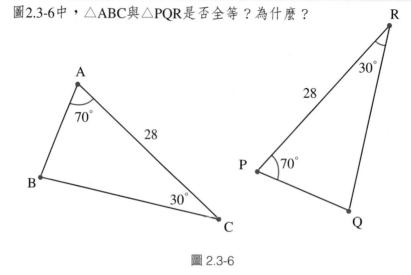

圖 2.3-6

 已知

△ABC中，∠A＝70°，∠C＝30°，$\overline{AC}$＝28，△PQR中，∠P＝70°，∠R＝30°，$\overline{PR}$＝28。

 求證

△ABC ≅ △PQR

 想法

已知判斷兩個三角形全等的方法有：

1. 兩邊夾一角三角形全等定理，又稱S.A.S.三角形全等定理
2. 兩角夾一邊三角形全等定理，又稱A.S.A.三角形全等定理

 證明

敘述	理由
(1)在△ABC與△PQR中 　　∠A＝∠P＝70° 　　$\overline{AC}＝\overline{PR}$＝28 　　∠C＝∠R＝30°	如圖2.3-6所示
(2)△ABC ≅ △PQR	由(1) A.S.A.三角形全等定理

Q. E. D.

例題 **2.3-6**

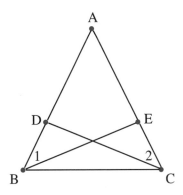

圖 2.3-7

如圖2.3-7，$\overline{AB} = \overline{AC}$，D、E分別在 $\overline{AB}$、$\overline{AC}$ 上，∠1=∠2。

△ABE ≅ △ACD

已知判斷兩個三角形全等的方法有：

1. 兩邊夾一角三角形全等定理，又稱S.A.S.三角形全等定理

2. 兩角夾一邊三角形全等定理，又稱A.S.A.三角形全等定理

敘述	理由
(1) 在△ABE與△ACD中	如圖2.3-7所示
∠1=∠2	已知∠1=∠2
$\overline{AB} = \overline{AC}$	已知 $\overline{AB} = \overline{AC}$
∠A=∠A	共同角
(2) △ABE ≅ △ACD	由(1) A.S.A.三角形全等定理

Q. E. D.

例題 2.3-7

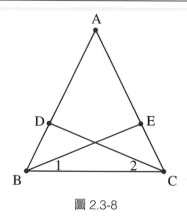

圖 2.3-8

 如圖2.3-8，$\overline{AB} = \overline{AC}$，∠1＝∠2。

 △ABE ≅ △ACD

 已知判斷兩個三角形全等的方法有：

1. 兩邊夾一角三角形全等定理，又稱S.A.S.三角形全等定理
2. 兩角夾一邊三角形全等定理，又稱A.S.A.三角形全等定理

敘述	理由
(1) △ABC為等腰三角形	已知 $\overline{AB} = \overline{AC}$
(2) ∠ABC＝∠ACB	由(1) 等腰三角形兩底角相等
(3) ∠ABE＝∠ABC－∠1	如圖2.3-8所示
(4) ∠ACD＝∠ACB－∠2	如圖2.3-8所示
(5) ∠ACD＝∠ABC－∠1＝∠ABE	將(2) & 已知∠1＝∠2代入(4) & (3)
(6) △ABE 與△ACD中 　　∠ABE＝∠ACD 　　$\overline{AB} = \overline{AC}$ 　　∠A＝∠A	如圖2.3-8所示 由(5)已證 已知 $\overline{AB} = \overline{AC}$ 共同角
(7) △ABE ≅ △ACD	由 (6) A.S.A.三角形全等定理

Q. E. D.

例題 **2.3-8**

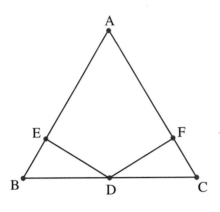

圖 2.3-9

 圖2.3-9中，△ABC為等腰三角形，D為 $\overline{BC}$ 上一點，$\overline{DE} \perp \overline{AB}$，$\overline{DF} \perp \overline{AC}$，且 $\overline{EB} = \overline{FC}$。

 △EDB ≅ △FDC

 已知判斷兩個三角形全等的方法有：

1. 兩邊夾一角三角形全等定理，又稱S.A.S.三角形全等定理
2. 兩角夾一邊三角形全等定理，又稱A.S.A.三角形全等定理

敘述	理由
(1) 在△EDB與△FDC中	如圖2.3-9所示
∠B＝∠C	已知△ABC為等腰三角形，兩底角相等
$\overline{EB} = \overline{FC}$	已知 $\overline{EB} = \overline{FC}$
∠BED＝∠CFD＝90°	已知 $\overline{DE} \perp \overline{AB}$，$\overline{DF} \perp \overline{AC}$
(2) △EDB ≅ △FDC	由(1) A.S.A.三角形全等定理

Q. E. D.

習題 2-3

以下之證明皆請用 A.S.A. 三角形全等定理

習題 2.3-1

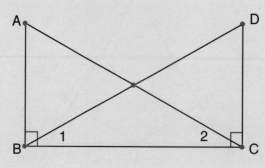

圖 2.3-10

已知：圖2.3-10中，$\overline{AB} \perp \overline{BC}$，$\overline{DC} \perp \overline{BC}$，$\angle 1 = \angle 2$
試證：$\overline{AB} = \overline{DC}$。

習題 2.3-2

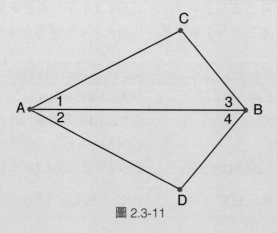

圖 2.3-11

已知：圖2.3-11中，$\angle 1 = \angle 2$，$\angle 3 = \angle 4$
試證：$\triangle ACB \cong \triangle ADB$

習題 2.3-3

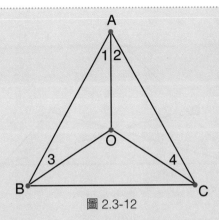

圖 2.3-12

已知：圖2.3-12中，$\overline{AB} = \overline{AC}$，∠1＝∠2，∠3＝∠4

試證：△ OBC 為一等腰三角形

習題 2.3-4

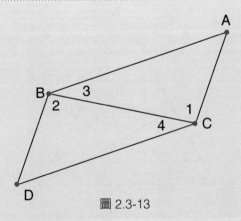

圖 2.3-13

已知：圖2.3-13中，∠1＝∠2，∠3＝∠4

試證：$\overline{AB} = \overline{DC}$

習題 2.3-5

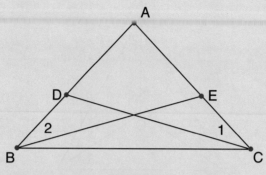

圖 2.3-14

已知：圖2.3-14中，$\overline{AB} = \overline{AC}$，$\angle 1 = \angle 2$

試證：$\overline{BE} = \overline{CD}$

習題 2.3-6

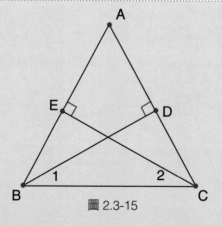

圖 2.3-15

已知：圖2.3-15 中，$\overline{CE} \perp \overline{AB}$，$\overline{BD} \perp \overline{AC}$，$\overline{AD} = \overline{AE}$

試證：$\triangle \text{AEC} \cong \triangle \text{ADB}$

習題 2.3-7

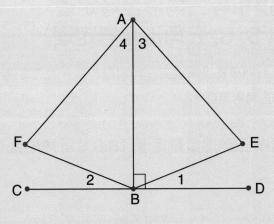

圖 2.3-16

已知：圖2.3-16中，$\overline{AB} \perp \overline{CD}$，∠1＝∠2，∠3＝∠4

試證：$\overline{BE} = \overline{BF}$

2.4 節　三邊相等三角形全等定理（S. S. S. 三角形全等定理）

在以上的兩節，我們學會了兩邊夾一角和兩角夾一邊的定理，這一節中，我們要介紹另一個新的全等三角形定理。

定理 2.4-1

三邊相等三角形全等定理（S.S.S 三角形全等定理）

已知 △ABC與△A'B'C'中，$\overline{AB} = \overline{A'B'}$，$\overline{BC} = \overline{B'C'}$，$\overline{AC} = \overline{A'C'}$。

求證 △ABC ≅ △A'B'C'

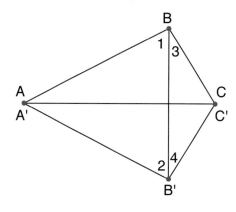

圖 2.4-1

想法 已知判斷兩個三角形全等的方法有：

1. 兩邊夾一角三角形全等定理，又稱S.A.S.三角形全等定理
2. 兩角夾一邊三角形全等定理，又稱A.S.A.三角形全等定理

敘　述	理　由
(1) 移動△A'B'C'使$\overline{AC}$和$\overline{A'C'}$完全相合，同時使B與B'不在$\overline{AC}$的同一側。如圖2.4-1所示。	移形公理
(2) 連結 $\overline{BB'}$。	直線公理
(3) △ABB'為等腰三角形	已知 $\overline{AB} = \overline{A'B'}$
(4) ∠1＝∠2。	由(3) 等腰三角形底角相等
(5) △CBB'為等腰三角形	已知 $\overline{BC} = \overline{B'C'}$
(6) ∠3＝∠4。	由(5) 等腰三角形底角相等
(7) ∠ABC＝∠1+∠3，∠A'B'C'＝∠2+∠4	如圖2.4-1所示
(8) ∴∠ABC＝∠A'B'C'	由(4)＋(6) & (7)
(9) △ABC與△A'B'C'中 $\overline{AB} = \overline{A'B'}$ ∠ABC＝∠A'B'C' $\overline{BC} = \overline{B'C'}$	如圖2.4-1所示 已知 $\overline{AB} = \overline{A'B'}$ 由(8) 已證 已知 $\overline{BC} = \overline{B'C'}$
(10) △ABC ≅ △A'B'C'	由(9) S.A.S.三角形全等定理

Q. E. D.

有了這個S.S.S.定理，我們可以證明很多有趣的定理，有些定理可以用S.A.S.定理或是A.S.A.定理證明的，我們也可以用S.S.S.定理來證明。

例題 2.4-1

（用S.S.S.三角形全等定理來證明等腰三角形底邊之平分線也是頂角的平分線）

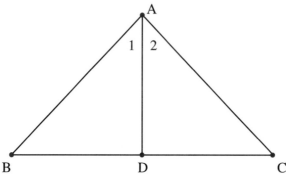

圖 2.4-2

 如圖2.4-2，△ABC中，$\overline{AB}=\overline{AC}$，$\overline{BD}=\overline{DC}$。

 ∠1＝∠2

 (1) 已知判斷兩個三角形全等的方法有：

    1. 兩邊夾一角三角形全等定理，又稱S.A.S.三角形全等定理

    2. 兩角夾一邊三角形全等定理，又稱A.S.A.三角形全等定理

    3. 三邊相等三角形全等定理，又稱S.S.S.三角形全等定理

(2) 兩全等三角形之對應角相等

敘述	理由
(1) △ABD及△ACD中	如圖2.4-2所示
$\overline{AB}=\overline{AC}$	已知 $\overline{AB}=\overline{AC}$
$\overline{AD}=\overline{AD}$	共同邊
$\overline{BD}=\overline{CD}$	已知 $\overline{BD}=\overline{CD}$
(2) △ABD ≅ △ACD	由(1) S.S.S.三角形全等定理
(3) ∠1＝∠2	由(2) 兩全等三角形之對應角相等

Q. E. D.

例題 **2.4-2**

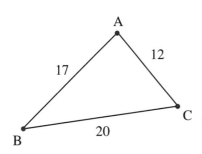 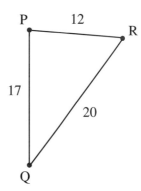

圖 2.4-3

 如圖2.4-3，△ABC之三邊 $\overline{AB}=17$，$\overline{AC}=12$，$\overline{BC}=20$，
△PQR之三邊 $\overline{PQ}=17$，$\overline{PR}=12$，$\overline{QR}=20$。

 (1) △ABC ≅ △PQR
(2) ∠B＝∠Q

 (1) 已知判斷兩個三角形全等的方法有：
　　　1. 兩邊夾一角三角形全等定理，又稱S.A.S.三角形全等定理
　　　2. 兩角夾一邊三角形全等定理，又稱A.S.A.三角形全等定理
　　　3. 三邊相等三角形全等定理，又稱S.S.S.三角形全等定理
(2) 兩全等三角形對應角相等

敘述	理由
(1) 在△ABC與△PQR中 　$\overline{AB}=\overline{PQ}=17$ 　$\overline{AC}=\overline{PR}=12$ 　$\overline{BC}=\overline{QR}=20$	如圖2.4-3所示
(2) △ABC ≅ △PQR	由(1) S.S.S.三角形全等定理
(3) ∠B＝∠Q	由(2) 兩全等三角形之對應角相等

Q. E. D.

例題 2.4-3

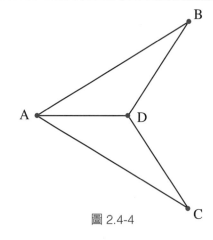

圖 2.4-4

已知 圖2.4-4中，$\overline{AB} = \overline{AC}$，$\overline{BD} = \overline{CD}$。

求證 △ABD ≅ △ACD

想法 已知判斷兩個三角形全等的方法有：
1. 兩邊夾一角三角形全等定理，又稱S.A.S.三角形全等定理
2. 兩角夾一邊三角形全等定理，又稱A.S.A.三角形全等定理
3. 三邊相等三角形全等定理，又稱S.S.S.三角形全等定理

證明

敘述	理由
(1) 在△ABD與△ACD中	如圖2.4-4所示
$\overline{AB} = \overline{AC}$	已知 $\overline{AB} = \overline{AC}$
$\overline{BD} = \overline{CD}$	已知 $\overline{BD} = \overline{CD}$
$\overline{AD} = \overline{AD}$	共同邊
(2) △ABD ≅ △ACD	由(1) S.S.S.三角形全等定理

Q. E. D.

例題 **2.4-4**

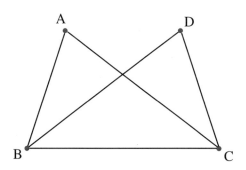

圖 2.4-5

 圖2.4-5中，$\overline{AB} = \overline{CD}$，$\overline{AC} = \overline{BD}$ 。

 ∠A＝∠D

 (1) 已知判斷兩個三角形全等的方法有：

　　 1. 兩邊夾一角三角形全等定理，又稱S.A.S.三角形全等定理

　　 2. 兩角夾一邊三角形全等定理，又稱A.S.A.三角形全等定理

　　 3. 三邊相等三角形全等定理，又稱S.S.S.三角形全等定理

(2) 兩全等三角形對應角相等

敘述	理由
(1) 在△ABC與△DCB中	如圖2.4-5所示
$\overline{AB} = \overline{DC}$	已知 $\overline{AB} = \overline{CD}$
$\overline{AC} = \overline{DB}$	已知 $\overline{AC} = \overline{BD}$
$\overline{BC} = \overline{CB}$	共同邊
(2) △ABC ≅ △DCB	由(1) S.S.S.三角形全等定理
(3) ∠A＝∠D	由(2) 兩全等三角形之對應角相等

Q. E. D.

例題 2.4-5

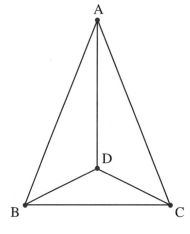

圖 2.4-6

 如圖2.4-6，△ABC中，$\overline{AB}=\overline{AC}$，$\overline{BD}=\overline{DC}$。

 ∠BAD＝∠CAD

 (1) 已知判斷兩個三角形全等的方法有：
　　1. 兩邊夾一角三角形全等定理，又稱S.A.S.三角形全等定理
　　2. 兩角夾一邊三角形全等定理，又稱A.S.A.三角形全等定理
　　3. 三邊相等三角形全等定理，又稱S.S.S.三角形全等定理

(2) 兩全等三角形對應角相等

敘述	理由
(1) 在△ABD與△ACD中	如圖2.4-6
$\overline{AB}=\overline{AC}$	已知 $\overline{AB}=\overline{AC}$
$\overline{BD}=\overline{CD}$	已知 $\overline{BD}=\overline{DC}$
$\overline{AD}=\overline{AD}$	共同邊
(2) △ABD ≅ △ACD	由(1) S.S.S.三角形全等定理
(3) ∠BAD＝∠CAD	由(2) 兩全等三角形之對應角相等

Q. E. D.

例題 2.4-6

如圖2.4-7，△ABC中，∠1＝∠2，$\overline{AB}=\overline{AC}$。

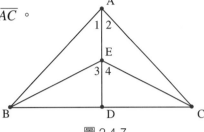

圖 2.4-7

∠3＝∠4

想法 (1) 已知判斷兩個三角形全等的方法有：

　　　1. 兩邊夾一角三角形全等定理，又稱S.A.S.三角形全等定理

　　　2. 兩角夾一邊三角形全等定理，又稱A.S.A.三角形全等定理

　　　3. 三邊相等三角形全等定理，又稱S.S.S.三角形全等定理

(2) 兩全等三角形對應角相等

敘述	理由
(1) △ABE及△ACE中 　　$\overline{AE}=\overline{AE}$ 　　∠1＝∠2 　　$\overline{AB}=\overline{AC}$	如圖2.4-7所示 共同邊 已知∠1＝∠2 已知$\overline{AB}=\overline{AC}$
(2) △ABE ≅ △ACE	由(1) S.A.S.三角形全等定理
(3) $\overline{BE}=\overline{CE}$	由(2) 兩全等三角形之對應邊相等
(4) △ABD及△ACD中 　　$\overline{AD}=\overline{AD}$ 　　∠1＝∠2 　　$\overline{AB}=\overline{AC}$	如圖2.4-7所示 共同邊 已知∠1＝∠2 已知 $\overline{AB}=\overline{AC}$
(5) △ABD ≅ △ACD	由(4) S.A.S.三角形全等定理
(6) $\overline{BD}=\overline{CD}$	由(5) 對應邊相等
(7) △BED及△CED中 　　$\overline{BE}=\overline{CE}$ 　　$\overline{BD}=\overline{CD}$ 　　$\overline{ED}=\overline{ED}$	如圖2.4-7所示 由(3) 已證 由(6) 已證 共同邊
(8) △BED ≅ △CED	由(7) S.S.S.三角形全等定理
(9) ∠3＝∠4	由(8) 兩全等三角形之對應角相等

Q. E. D.

例題 **2.4-7**

（用S.S.S.三角形全等定理來證明）

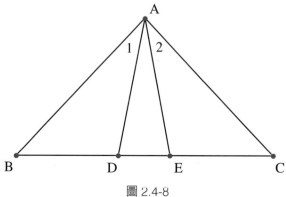

圖 2.4-8

 如圖2.4-8，△ABC中，$\overline{AB}=\overline{AC}$，$\overline{BE}=\overline{CD}$，$\overline{AD}=\overline{AE}$。

 ∠1＝∠2

(1) 已知判斷兩個三角形全等的方法有：

    1. 兩邊夾一角三角形全等定理，又稱S.A.S.三角形全等定理

    2. 兩角夾一邊三角形全等定理，又稱A.S.A.三角形全等定理

    3. 三邊相等三角形全等定理，又稱S.S.S.三角形全等定理

(2) 兩全等三角形對應角相等

敘述	理由
(1) $\overline{BD}=\overline{BE}-\overline{ED}$，$\overline{CE}=\overline{CD}-\overline{ED}$	如圖2.4-8所示
(2) 故$\overline{BD}=\overline{CE}$	已知$\overline{BE}=\overline{CD}$ &(1)
(3) △ABD及△ACE中 $\overline{AB}=\overline{AC}$ $\overline{AD}=\overline{AE}$ $\overline{BD}=\overline{CE}$	如圖2.4-8所示 已知$\overline{AB}=\overline{AC}$ 已知$\overline{AD}=\overline{AE}$ 由(2)已證
(4) △ABD ≅ △ACE	由(3) S.S.S.三角形全等定理
(5) ∠1＝∠2	由(4) 兩全等三角形之對應角相等

Q. E. D.

例題 **2.4-8**

已知　如圖2.4-9，△ABC中，
$\overline{AB} = \overline{AC}$，$\overline{AE} = \overline{AF}$，$\overline{DE} = \overline{DF}$。

求證　$\overline{BD} = \overline{CD}$

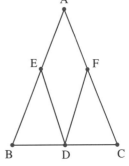

圖 2.4-9

想法　(1) 已知判斷兩個三角形全等的方法有：

　　1. 兩邊夾一角三角形全等定理，又稱S.A.S.三角形全等定理

　　2. 兩角夾一邊三角形全等定理，又稱A.S.A.三角形全等定理

　　3. 三邊相等三角形全等定理，又稱S.S.S.三角形全等定理

(2) 兩全等三角形對應角、對應邊相等

證明

敘述	理由
(1) 連接A點與D點， 　　如圖2.4-9(a)	兩點間只有一直線
(2) 在△AED與△AFD中 　　$\overline{AE} = \overline{AF}$ 　　$\overline{DE} = \overline{DF}$ 　　$\overline{AD} = \overline{AD}$	如圖2.4-9(a)所示 已知$\overline{AE} = \overline{AF}$ 已知$\overline{DE} = \overline{DF}$ 共同邊 圖2.4-9(a)
(3) △AED ≅ △AFD	由(2) S.S.S.三角形全等定理
(4) ∠EAD = ∠FAD	由(3) 兩全等三角形之對應角相等
(5) 在△ABD與△ACD中 　　$\overline{AB} = \overline{AC}$ 　　∠EAD = ∠FAD 　　$\overline{AD} = \overline{AD}$	如圖圖2.4-9(a)所示 已知$\overline{AB} = \overline{AC}$ 由(4) 已證 共同邊
(6) △ABD ≅ △ACD	由(5) S.A.S.三角形全等定理
(7) $\overline{BD} = \overline{CD}$	由(6) 兩全等三角形之對應邊相等

Q. E. D.

例題 **2.4-9**

已知 如圖2.4-10，$\overline{AB} = \overline{AC}$，$\overline{BD} = \overline{CD}$，$\angle 1 = \angle 2$。

求證 $\overline{AE} = \overline{AF}$

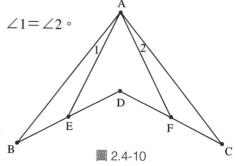

圖 2.4-10

想法 (1) 已知判斷兩個三角形全等的方法有：

　　1. 兩邊夾一角三角形全等定理，又稱S.A.S.三角形全等定理

　　2. 兩角夾一邊三角形全等定理，又稱A.S.A.三角形全等定理

　　3. 三邊相等三角形全等定理，又稱S.S.S.三角形全等定理

(2) 兩全等三角形對應邊相等、對應角相等

證明

敘述	理由
(1) 連接A點與D點， 　　如圖2.4-10(a)	兩點之間只能決定一直線
(2) 在△ABD與△ACD中 　　$\overline{AB} = \overline{AC}$ 　　$\overline{BD} = \overline{CD}$ 　　$\overline{AD} = \overline{AD}$	如圖2.4-10(a)所示 已知 $\overline{AB} = \overline{AC}$ 已知 $\overline{BD} = \overline{CD}$ 共同邊　　圖2.4-10(a)
(3) △ABD ≅ △ACD	由(2) S.S.S.三角形全等定理
(4) $\angle B = \angle C$	由(3) 兩全等三角形之對應角相等
(5) 在△ABE與△ACF中 　　$\angle 1 = \angle 2$ 　　$\overline{AB} = \overline{AC}$ 　　$\angle B = \angle C$	如圖2.4-10(a)所示 已知 $\angle 1 = \angle 2$ 已知 $\overline{AB} = \overline{AC}$ 由(4) 已證
(6) △ABE ≅ △ACF	由(5) A.S.A.三角形全等定理
(7) $\overline{AE} = \overline{AF}$	由(6) 兩全等三角形之對應邊相等

Q. E. D.

習題 2-4

習題 2.4-1

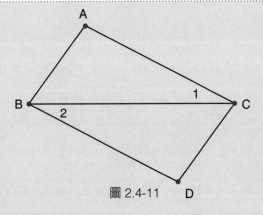

圖 2.4-11

已知：圖 2.4-11 中，$\overline{AB} = \overline{DC}$，$\overline{AC} = \overline{BD}$。

試證：∠1＝∠2

習題 2.4-2

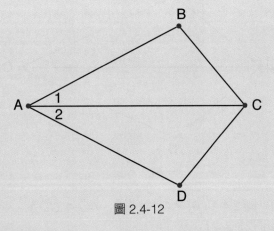

圖 2.4-12

已知：圖 2.4-12 中，$\overline{AB} = \overline{AD}$，$\overline{BC} = \overline{DC}$。

試證：∠1＝∠2

習題 2.4-3

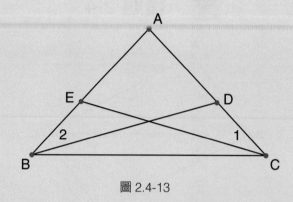

圖 2.4-13

已知：圖 2.4-13 中，$\overline{AB} = \overline{AC}$，$\overline{AD} = \overline{AE}$，$\overline{BD} = \overline{CE}$。

試證：$\angle 1 = \angle 2$

習題 2.4-4

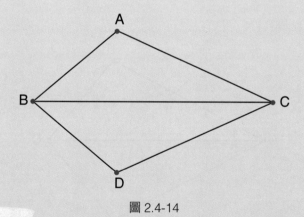

圖 2.4-14

已知：圖 2.4-14 中，$\overline{AB} = \overline{BD}$，$\overline{AC} = \overline{CD}$。

試證：$\angle A = \angle D$

習題 2.4-5

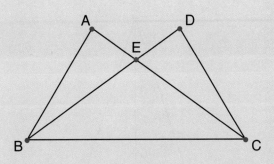

圖 2.4-15

已知：圖 2.4-15 中，$\overline{AB} = \overline{CD}$，$\overline{AC} = \overline{BD}$。

試證：∠ACB＝∠DBC

習題 2.4-6

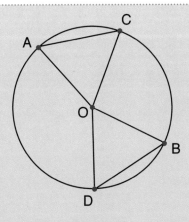

圖 2.4-16

已知：圖 2.4-16 中，圓 O 上有 A、B、C、D 四點，$\overline{AC} = \overline{BD}$。

試證：∠AOC＝∠DOB

習題 2.4-7

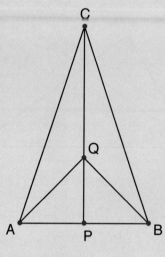

圖 2.4-17

已知：圖 2.4-17，△ ABC 中，$\overline{CP}$ 是 $\overline{AB}$ 的垂直平分線。

試證：△ ACQ ≅ △ BCQ

2.5 節 三角形的邊角關係

定理 2.5-1

三角形兩邊和定理
三角形的任兩邊和,大於第三邊。

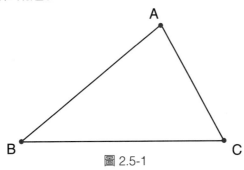

圖 2.5-1

已知 如圖2.5-1, △ABC中,$\overline{AB}$、$\overline{BC}$、$\overline{AC}$ 為三角形的三個邊

求證 $\overline{AB}+\overline{BC}>\overline{AC}$,$\overline{AB}+\overline{AC}>\overline{BC}$,$\overline{BC}+\overline{AC}>\overline{AB}$

想法 利用距離公理

證明

敘述	理由
(1) $\overline{AB}+\overline{BC}$ 是A、C點兩點間,由A 點經B點到C點的折線	折線定義
(2) $\overline{AC}$ 為A、C點兩點之直線	直線定義
(3) $\overline{AB}+\overline{BC}>\overline{AC}$	距離公理:直線為兩點間之最短距離
(4) 同理可證: $\overline{AB}+\overline{AC}>\overline{BC}$ $\overline{BC}+\overline{AC}>\overline{AB}$	

Q. E. D.

例題 2.5-1

如圖2.5-2，△ABC中，$\overline{AD} = \overline{BD}$，試比較 $\overline{BC}$ 與 $\overline{AC}$ 的大小

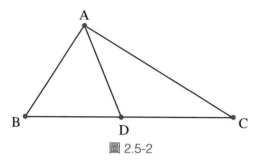

圖 2.5-2

 想法　三角形任意兩邊長的和大於第三邊

 證明

敘述	理由
(1)△ACD中，$\overline{AD} + \overline{CD} > \overline{AC}$	三角形任意兩邊長的和大於第三邊
(2)$\overline{BD} + \overline{CD} > \overline{AC}$	由(1) & $\overline{AD} = \overline{BD}$
(3)$\overline{BC} > \overline{AC}$	如圖2.5-2，將 $\overline{BD} + \overline{CD} = \overline{BC}$ 代入(2)

例題 **2.5-2**

如圖2.5-3，△ABC中，D在 $\overline{BC}$ 上，E在 $\overline{AD}$ 上，試比較 $\overline{AB} + \overline{BC}$ 與 $\overline{AE} + \overline{CE}$ 的大小

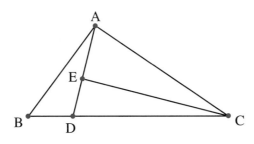

圖 2.5-3

 三角形任意兩邊長的和大於第三邊

敘述	理由
(1) △ABD中，$\overline{AB} + \overline{BD} > \overline{AD} = \overline{AE} + \overline{ED}$	三角形任意兩邊長的和大於第三邊
(2) △CDE中，$\overline{DE} + \overline{CD} > \overline{CE}$	三角形任意兩邊長的和大於第三邊
(3) $\overline{AB} + \overline{BD} + \overline{DE} + \overline{CD} > \overline{AE} + \overline{ED} + \overline{CE}$	由(1)＋(2)
(4) $\overline{AB} + \overline{BD} + \overline{CD} > \overline{AE} + \overline{CE}$	由(3) 等量減法公理
(5) $\overline{AB} + \overline{BC} > \overline{AE} + \overline{CE}$	如圖2.5-3，將 $\overline{BD} + \overline{CD} = \overline{BC}$ 代入(4)

由三角形兩邊和定理，我們可以很容易推論得到下列之三角形兩邊差定理。

定理
2.5-2

三角形二邊差定理
三角形的任二邊差，小於第三邊。

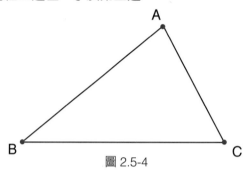

圖 2.5-4

 已知 如圖2.5-4，△ABC中，$\overline{AB}$、$\overline{BC}$、$\overline{AC}$ 為三角形的三個邊

 求證 $|\overline{AB}-\overline{BC}|<\overline{AC}$，$|\overline{AB}-\overline{AC}|<\overline{BC}$，$|\overline{BC}-\overline{AC}|<\overline{AB}$

 想法 利用三角形的任二邊和，大於第三邊。

證明

敘述	理由
(1) △ABC中，$\overline{AB}+\overline{BC}>\overline{AC}$ $\overline{AB}>|\overline{BC}-\overline{AC}|$	三角形的任二邊和，大於第三邊 等量減法公理
(2) △ABC中，$\overline{AB}+\overline{AC}>\overline{BC}$ $\overline{AC}>|\overline{AB}-\overline{BC}|$	三角形的任二邊和，大於第三邊 等量減法公理
(3) △ABC中，$\overline{BC}+\overline{AC}>\overline{AB}$ $\overline{BC}>|\overline{AB}-\overline{AC}|$	三角形的任二邊和，大於第三邊 等量減法公理

Q. E. D.

例題 2.5-3

下列哪幾組數，可作為三角形的三邊長？＿＿＿＿＿＿

(A) 3、4、5　　　　(B) 5、8、3　　　　(C) 4^2、6^2、8^2

(D) $\dfrac{1}{2}$、$\dfrac{1}{3}$、$\dfrac{1}{4}$　　(E) $\dfrac{1}{6}$、$\dfrac{1}{4}$、$\dfrac{1}{2}$　　(F) 0.7、1.5、2.1

(1) 三角形任意兩邊長的和大於第三邊

(2) 三角形任意兩邊長的差小於第三邊

敘述	理由
(A) 3、4、5可作為三角形的三邊長	$4+3>5>4-3$ $5+4>3>5-4$ $5+3>4>5-3$
(B) 5、8、3不可作為三角形的三邊長	$5+3=8$
(C) 4^2、6^2、8^2不可作為三角形的三邊長	$4^2+6^2<8^2$
(D) $\dfrac{1}{2}$、$\dfrac{1}{3}$、$\dfrac{1}{4}$可作為三角形的三邊長	$\dfrac{1}{2}+\dfrac{1}{3}>\dfrac{1}{4}>\dfrac{1}{2}-\dfrac{1}{3}$ $\dfrac{1}{3}+\dfrac{1}{4}>\dfrac{1}{2}>\dfrac{1}{3}-\dfrac{1}{4}$ $\dfrac{1}{2}+\dfrac{1}{4}>\dfrac{1}{3}>\dfrac{1}{2}-\dfrac{1}{4}$
(E) $\dfrac{1}{6}$、$\dfrac{1}{4}$、$\dfrac{1}{2}$不可作為三角形的三邊長	$\dfrac{1}{6}+\dfrac{1}{4}<\dfrac{1}{2}$
(F) 0.7、1.5、2.1可作為三角形的三邊長	$1.5+0.7>2.1>1.5-0.7$ $2.1+1.5>0.7>2.1-1.5$ $2.1+0.7>1.5>2.1-0.7$
所以本題答案選(A)、(D)、(F)	

例題 2.5-4

已知某三角形的三邊長為8、17、x，求x的範圍為＿＿＿＿＿＿。

想法

(1) 三角形任意兩邊長的和大於第三邊
(2) 三角形任意兩邊長的差小於第三邊

解

敘述	理由
(1) $17+8>x>17-8$	8、17、x為三角形的三邊長
(2) $25>x>9$	由(1)

例題 2.5-5

若三角形的三邊長為4、a、10，且a為整數，則a可能的值為＿＿＿＿＿＿。

想法

(1) 三角形任意兩邊長的和大於第三邊
(2) 三角形任意兩邊長的差小於第三邊

解

敘述	理由
(1) $10+4>a>10-4$	4、a、10為三角形的三邊長
(2) $14>a>6$	由(1)
(3) $a=7$、8、9、10、11、12、13	a為整數

例題 2.5-6

有4根吸管長度分別為2、4、6、9公分，從其中抽取3根拼成三角形，則總共有＿＿＿種拼法，且所有的拼法為＿＿＿＿＿＿＿＿＿＿＿＿＿＿。

想法

(1) 三角形任意兩邊長的和大於第三邊
(2) 三角形任意兩邊長的差小於第三邊

解

敘述	理由
(1) 4、6、9可拼成三角形	$6+4>9>6-4$ $9+6>4>9-6$ $9+4>6>9-4$
(2) 只有一種拼法，4、6、9可拼成三角形	

例題 2.5-7

已知△ABC中，$\overline{AB}=8$，$\overline{AC}=11$，則：

(1) $\overline{BC}$ 的範圍為＿＿＿＿＿＿。

(2) 若 $\overline{BC}$ 為整數，則 $\overline{BC}$ 的值有＿＿＿＿＿＿個。

想法

(1) 三角形任意兩邊長的和大於第三邊

(2) 三角形任意兩邊長的差小於第三邊

解

敘述	理由
(1) $11+8>\overline{BC}>11-8$	$\overline{AB}$、$\overline{BC}$、$\overline{AC}$ 為三角形的三邊長
(2) $19>\overline{BC}>3$	由(1)
(3) $\overline{BC}=4$、5、6、7、8、9、10、11、12、13、14、15、16、17、18共15個	$\overline{BC}$ 為整數

例題 2.5-8

如圖2.5-5，四邊形ABCD中，$\overline{AB}=8$，$\overline{BC}=4$，$\overline{AD}=5$，$\overline{DC}=6$，求對角線 $\overline{AC}$ 的範圍

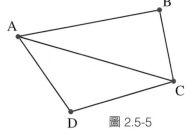

圖 2.5-5

想法

(1) 三角形任意兩邊長的和大於第三邊

(2) 三角形任意兩邊長的差小於第三邊

解

敘述	理由
(1) △ABC中，$8+4>\overline{AC}>8-4$	$\overline{AB}$、$\overline{BC}$、$\overline{AC}$ 為三角形的三邊長
(2) $12>\overline{AC}>4$	由(1)
(3) △ACD中，$6+5>\overline{AC}>6-5$	$\overline{AD}$、$\overline{DC}$、$\overline{AC}$ 為三角形的三邊長
(4) $11>\overline{AC}>1$	由(3)
(5) $11>\overline{AC}>4$	求(2)與(4)共同的範圍

定理 2.5-3

三角形外角大於內對角定理

三角形的外角大於任一內對角。

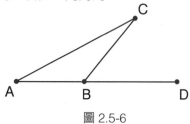

圖 2.5-6

 已知 如圖2.5-6，△ABC中，∠CBD為∠CBA的外角。

 求證 ∠CBD＞∠A，∠CBD＞∠C

 想法 利用全等三角形對應角相等的性質在∠CBD內作一個與∠A或∠C相等的角來證明∠CBD＞∠A，∠CBD＞∠C。

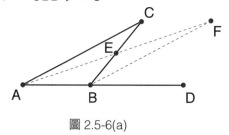

圖 2.5-6(a)

 證明

敘述	理由
(1) 在 $\overline{BC}$ 邊上取中點E，連接 $\overline{AE}$，延長至F點，使 $\overline{AE} = \overline{EF}$，連接 $\overline{BF}$，如圖2.5-6(a)	作圖
(2) $\overline{AE} = \overline{EF}$，$\overline{BE} = \overline{CE}$	由(1)之作圖
(3) ∠AEC＝∠FEB	對頂角相等
(4) ∴ △AEC ≅ △FEB	由(2) & (3) 及S.A.S.全等三角形定理
(5) ∠CBF＝∠C	由(4) 全等三角形之對應角相等
(6) ∠CBD＞∠CBF	全量大於分量
(7) ∠CBD＞∠C	由(5) & (6)
(8) 同理可證 ：∠CBD＞∠A	

Q. E. D.

例題 **2.5-9**

如圖2.5-7，△ABC中，D、E、F皆在$\overline{BC}$上，則∠B、∠1、∠2、∠3的大
小關係為_____。

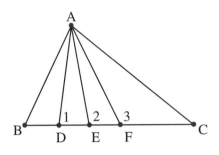

圖 2.5-7

 三角形的外角大於任一內對角

敘述	理由
(1)△ABD中，∠1＞∠B	三角形的外角大於任一內對角定理
(2)△ADE中，∠2＞∠1	三角形的外角大於任一內對角定理
(3)△AEF中，∠3＞∠2	三角形的外角大於任一內對角定理
(4)∠3＞∠2＞∠1＞∠B	由(1) & (2) & (3)遞移律

例題 **2.5-10**

如圖2.5-8，∠4＜∠3，則∠1、∠2、∠3、∠4的大小關係為_____。

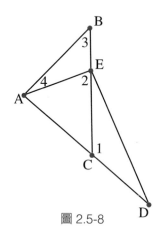

圖 2.5-8

 三角形的外角大於任一內對角

敘述	理由
(1) ∠3＞∠4	已知
(2) △ABE中，∠2＞∠3	三角形的外角大於任一內對角定理
(3) △ACE中，∠1＞∠2	三角形的外角大於任一內對角定理
(4) ∠1＞∠2＞∠3＞∠4	由(1)＆(2)＆(3)遞移律

例題 **2.5-11**

如圖2.5-9，△ABC為等腰三角形，$\overline{AB} = \overline{AC}$，則∠1和∠C的大小關係

為＿＿＿＿＿。

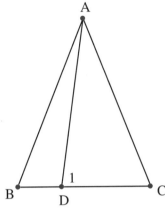

圖 2.5-9

 想法　三角形的外角大於任一內對角

 解

敘述	理由
(1)∠B＝∠C	△ABC為等腰三角形
(2)△ABD中，∠1＞∠B	三角形的外角大於任一內對角定理
(3)∠1＞∠C	由(1) & (2) 遞移律

例題 2.5-12

如圖2.5-10，E為△ABC內部一點，$\overleftrightarrow{BE}$交$\overline{AC}$於D點。

判別下列各角的大小關係：（填入＞、＝或＜）

(1) ∠1_____∠2

(2) ∠2_____∠A

(3) ∠1_____∠A

(4) ∠ABD_____∠2

(5) ∠ABD_____∠1

(6) ∠DCE_____∠1

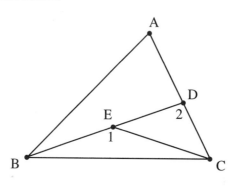

圖 2.5-10

 三角形的外角大於任一內對角

敘述	理由
(1) △CDE中，∠1＞∠2	三角形的外角大於任一內對角定理
(2) △ADB中，∠2＞∠A	三角形的外角大於任一內對角定理
(3) ∠1＞∠A	由(1) & (2)遞移律
(4) △ADB中，∠ABD＜∠2	三角形的外角大於任一內對角定理
(5) ∠ABD＜∠1	由(1) & (4)遞移律
(6) △CDE中，∠DCE＜∠1	三角形的外角大於任一內對角定理

例題 **2.5-13**

如圖2.5-11，△ABC中，E在$\overline{AB}$上，△AED ≅ △ACD，

則∠1、∠2、∠3的大小關係為＿＿＿＿＿＿。

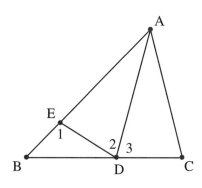

圖 2.5-11

 三角形的外角大於任一內對角

敘述	理由
(1)∠2＝∠3	△AED ≅ △ACD，對應角相等
(2)△ADE中，∠1＞∠2	三角形的外角大於任一內對角定理
(3)∠1＞∠2＝∠3	由(1) & (2)遞移律

定理
2.5-4

三角形大邊對大角定理

三角形的兩邊不相等，則大邊對大角。

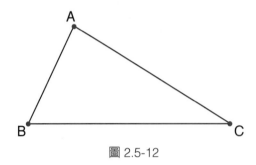

圖 2.5-12

已知 　如圖2.5-12，△ABC中，$\overline{AC} > \overline{AB}$

求證 　∠ABC > ∠C

想法 　利用等腰三角形兩底角相等及三角形之外角大於任一內對角。

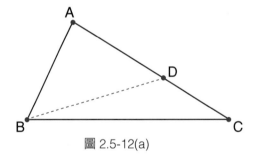

圖 2.5-12(a)

 證明

敘述	理由
(1) 在 $\overline{AC}$ 邊上取一點D，使 $\overline{AB} = \overline{AD}$，如圖2.5-12(a)	已知 $\overline{AC} > \overline{AB}$
(2) ∠ABD = ∠ADB	由(1) △ABD為等腰三角形，等腰三角形之兩底角相等。
(3) ∠ADB > ∠C	三角形外角大於內對角定理
(4) ∠ABC > ∠ABD	全量大於分量
(5) ∠ABC > ∠ABD = ∠ADB > ∠C ∴∠ABC > ∠C	由(2)、(3) & (4)

Q. E. D.

例題 **2.5-14**

圖2.5-13，△ABC中，$\overline{AB} > \overline{AC} > \overline{BC}$，則∠A、∠B、∠C的大小關係為何？

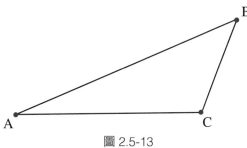

圖 2.5-13

 三角形大邊對大角定理

敘述	理由
∠C＞∠B＞∠A	已知 $\overline{AB} > \overline{AC} > \overline{BC}$，大邊對大角定理

例題 **2.5-15**

圖2.5-14，△DEF中，$\overline{DF} > \overline{EF} = \overline{DE}$，則△DEF三個內角中，_____的度數最大。

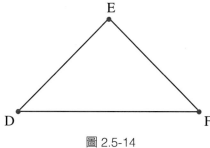

圖 2.5-14

 三角形大邊對大角定理

敘述	理由
(1)∠E＞∠D＝∠F	已知 $\overline{DF} > \overline{EF} = \overline{DE}$，大邊對大角定理
(2)∠E的度數最大	由(1)

例題 2.5-16

圖2.5-15，△ABC中，若 $\overline{BC} > \overline{CA} > \overline{AB}$，且∠CAB、∠ABC、∠ACB的外角分別為∠1、∠2、∠3，則外角的大小關係為＿＿＞＿＿＞＿＿。

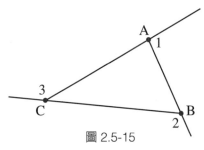

圖 2.5-15

(1) 三角形大邊對大角定理
(2) 外角定義

敘述	理由
(1)∠CAB＞∠ABC＞∠ACB	已知 $\overline{BC} > \overline{CA} > \overline{AB}$，大邊對大角定理
(2)∠3＞∠2＞∠1	∠CAB＋∠1＝∠ABC＋∠2＝∠ACB＋∠3＝180°

例題 2.5-17

圖2.5-16，△ABC中，$\overline{AB} > \overline{AC}$，且 $\overline{BD}$、$\overline{DC}$ 分別為∠ABC、∠ACB的角平分線，試比較∠1與∠2的大小。

(1) 三角形大邊對大角定理
(2) 角平分線定義

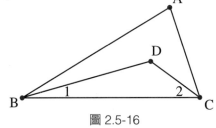

圖 2.5-16

敘述	理由
(1)∠ACB＞∠ABC	已知 $\overline{AB} > \overline{AC}$，大邊對大角定理
(2)∠2＝$\frac{1}{2}$∠ACB＞$\frac{1}{2}$∠ABC＝∠1	$\overline{BD}$、$\overline{DC}$ 分別為∠ABC、∠ACB的角平分線
(3)∠2＞∠1	由(2)

例題 **2.5-18**

圖2.5-17，△ABC 為正三角形，D在 $\overrightarrow{BA}$ 上。

說明∠B和∠BCD的大小關係。

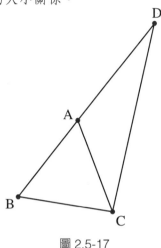

圖 2.5-17

 想法

(1) 三角形兩邊和大於第三邊定理

(2) 大邊對大角定理

 解

敘述	理由
(1) $\overline{AB} = \overline{AC}$	△ABC 為正三角形
(2) 在△ACD中，$\overline{AC} + \overline{AD} > \overline{CD}$	三角形兩邊和大於第三邊定理
(3) 所以 $\overline{AB} + \overline{AD} > \overline{CD}$	將(1) $\overline{AC} = \overline{AB}$ 代入 (2)
(4) 即 $\overline{BD} > \overline{CD}$	將 $\overline{AB} + \overline{AD} = \overline{BD}$ 代入 (3)
(5) 在△BCD中，∠B＜∠BCD	由(4) $\overline{BD} > \overline{CD}$ 已證，大邊對大角定理

定理
2.5-5

三角形大角對大邊定理

三角形的兩角不相等，則大角對大邊。

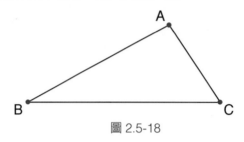

圖 2.5-18

 已知　圖2.5-18，△ABC中，∠C＞∠B

 求證　$\overline{AB}>\overline{AC}$

 想法
一

根據二量關係公理，$\overline{AB}$ 與 $\overline{AC}$ 兩量的關係只有

(1) $\overline{AB}<\overline{AC}$　(2) $\overline{AB}=\overline{AC}$　(3) $\overline{AB}>\overline{AC}$ 三種，

若 $\overline{AB}<\overline{AC}$、$\overline{AB}=\overline{AC}$ 都不成立，則 $\overline{AB}>\overline{AC}$ 必然成立。

（註：驗證每種可能情形的證明方法稱為窮舉法）

 證明

敘述	理由
(1)若 $\overline{AB}=\overline{AC}$ ，則△ABC為等腰三角形，故∠C＝∠B，此與已知∠C＞∠B不合。	等腰三角形定義
(2)若 $\overline{AB}<\overline{AC}$ ，則由大邊對大角定理可知 ∠B＞∠C，此與已知∠C＞∠B不合。	大邊對大角定理
(3) 所以 $\overline{AB}>\overline{AC}$ 必然成立	由(1) $\overline{AB}=\overline{AC}$ & (2)$\overline{AB}<\overline{AC}$ 都不成立及二量關係公理

Q. E. D.

想法二　利用等腰三角形之兩腰相等，及三角形之兩邊和大於第三邊定理

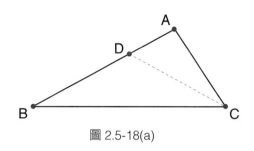

圖 2.5-18(a)

證明

敘述	理由
(1) 在∠ACB內，作一角∠BCD，使得∠BCD＝∠B，如圖2.5-18(a)	已知 ∠C＞∠B
(2) △DBC為等腰三角形	由(1) & 兩底角相等之三角形為等腰三角形（第四章會證明此一定理）
(3) $\overline{DB} = \overline{DC}$	等腰三角形之兩腰相等
(4) △ACD中 $\overline{AD}+\overline{DC}>\overline{AC}$	如圖2.5-18(a)所示 三角形之兩邊和大於第三邊定理
(5) $\overline{AD}+\overline{DB}>\overline{AC}$	將(3) $\overline{DB} = \overline{DC}$ 代入 (4)
(6) $\overline{AB}>\overline{AC}$	如圖2.5-18(a)，$\overline{AB}=\overline{AD}+\overline{DB}$代入 (5)

Q. E. D.

例題 **2.5-19**

圖2.5-19，△ABC中，若∠A＞∠B＞∠C，則 $\overline{AB}$、$\overline{BC}$、$\overline{AC}$ 的大小關係為____＞____＞____。

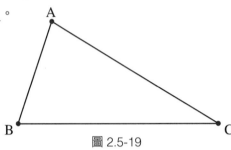

圖 2.5-19

想法 大角對大邊定理

解

敘述	理由
$\overline{BC} > \overline{AC} > \overline{AB}$	已知 ∠A＞∠B＞∠C，大角對大邊定理

例題 **2.5-20**

圖2.5-20，△ABC中，$\overline{AD}$ 平分∠BAC，說明 $\overline{AB}$ 和 $\overline{BD}$ 的大小關係。

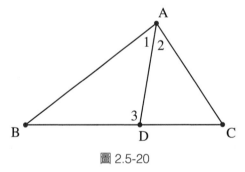

圖 2.5-20

想法
(1) 三角形外角大於任一內對角
(2) 大角對大邊定理

解

敘述	理由
(1) ∠3＞∠2	∠3是△ADC的外角，外角大於任一內對角
(2) ∠1＝∠2	已知 $\overline{AD}$ 平分∠BAC
(3) ∠3＞∠1	由(1) & (2) 遞移律
(4) 在△ABD中，$\overline{AB} > \overline{BD}$	由(3) & 三角形大角對大邊定理

例題 **2.5-21**

比較圖2.5-21中 $\overline{AB}$ 、 $\overline{BC}$ 、 $\overline{CD}$ 、 $\overline{DA}$ 的大小關係。

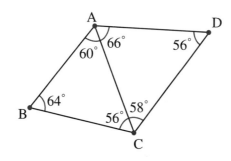

圖 2.5-21

想法　大角對大邊定理

證明

敘述	理由
(1)在△ABC中，$\overline{AC} > \overline{BC} > \overline{AB}$	如圖2.5-21，∠ABC>∠BAC>∠ACB
(2)在△ACD中，$\overline{CD} > \overline{AD} > \overline{AC}$	如圖2.5-21，∠CAD>∠ACD>∠ADC
(3)所以$\overline{CD} > \overline{AD} > \overline{AC} > \overline{BC} > \overline{AB}$	由(1) & (2) 遞移律
(4)$\overline{CD} > \overline{AD} > \overline{BC} > \overline{AB}$	由(3)

定理 2.5-6 兩三角形之大角對大邊定理（樞紐定理）

兩三角形有兩個對應相等的邊，若一三角形的夾角大於另一三角形的夾角，則此三角形的第三邊必大於另一三角形的第三邊。

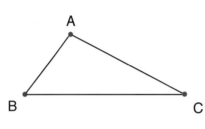
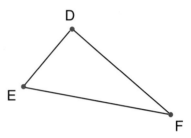

圖 2.5-22

 如圖2.5-22，$\triangle ABC$ 與 $\triangle DEF$ 中，$\overline{AB} = \overline{DE}$、$\overline{AC} = \overline{DF}$ 且 $\angle A > \angle D$。

 求證 $\overline{BC} > \overline{EF}$

想法 利用移形公理將相等線段重疊，再作輔助線使 $\overline{BC}$ 為三角形之兩邊和，再利用三角形兩邊和大於第三邊（$\overline{EF}$）定理。

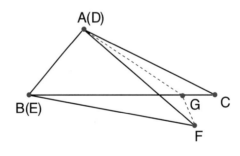

圖 2.5-22(a)

	敘　述	理　由
證明	(1) 將△DEF移至△ABC上，使 $\overline{DE}$ 與 $\overline{AB}$ 完全相合，且使F與C在 $\overline{AB}$ 同側，如圖2.5-22(a)所示	移形公理及已知 $\overline{AB}=\overline{DE}$
	(2) $\overline{AF}$ 會位於 $\overline{AB}$ 與 $\overline{AC}$ 之間	已知 ∠A＞∠D
	(3) $\overline{AF}=\overline{DF}=\overline{AC}$ $\overline{BF}=\overline{EF}$	A與D相合及已知 $\overline{AC}=\overline{DF}$ B與E相合
	(4) 作∠CAF的角平分線交 $\overline{BC}$ 於G ∴ ∠CAG＝∠FAG	平分線定義
	(5) ∵ $\overline{AF}=\overline{AC}$，∠CAG＝∠FAG， $\overline{AG}=\overline{AG}$ △AGC ≅ △AGF	由(3) & (4) 共同邊 S.A.S.全等三角形定理
	(6) $\overline{GC}=\overline{GF}$	由(5) 全等三角形之對應邊相等
	(7) $\overline{BG}+\overline{GC}=\overline{BC}$	如圖2.5-22(a)，
	(8) △BGF中，$\overline{BG}+\overline{GF}＞\overline{BF}=\overline{EF}$	三角形兩邊和大於第三邊定理及 (3)
	(9) $\overline{BG}+\overline{GC}=\overline{BC}＞\overline{EF}$	將(6) $\overline{GF}=\overline{GC}$ 代入(7) & (8)

Q. E. D.

例題 2.5-22

圖2.5-23中，O為圓心，$\overline{AB}$、$\overline{CD}$為圓上兩條弦，
若∠AOB＝60°、∠COD＝120°，試比較$\overline{AB}$與$\overline{CD}$的大小。

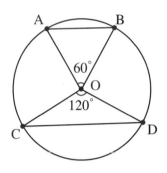

圖 2.5-23

因為圓的半徑相等，△AOB與△COD中，$\overline{OA} = \overline{OC}$、$\overline{OB} = \overline{OD}$；
所以利用樞紐定理，可比較出$\overline{AB}$與$\overline{CD}$的大小

敘述	理由
(1)△AOB與△COD中， $\overline{OA} = \overline{OC}$、$\overline{OB} = \overline{OD}$ ∠AOB＜∠COD	如圖2.5-23所示 圓半徑皆相等 已知∠AOB＝60°、∠COD＝120°
(2)$\overline{AB} < \overline{CD}$	由(1) & 樞紐定理

定理 2.5-7

兩三角形之大邊對大角定理（逆樞紐定理）

兩三角形有兩個對應相等的邊，若一三角形的的第三邊大於另一三角形的第三邊，則此三角形夾角大於另一三角形的夾角。

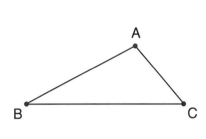 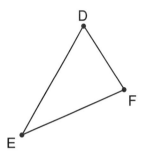

圖 2.5-24

 如圖2.5-24，△ABC與△DEF中，$\overline{AB}=\overline{DE}$、$\overline{AC}=\overline{DF}$ 且 $\overline{BC}>\overline{EF}$。

 求證 $\angle A>\angle D$

 想法 利用兩量大小關係公理及窮舉證法

證明

敘述	理由
(1) $\angle A$ 與 $\angle D$ 的大小關係只有三種情形： 　　$\angle A<\angle D$、$\angle A=\angle D$、$\angle A>\angle D$	兩量大小關係公理（三一律）
(2) 若 $\angle A<\angle D$ 　　則由兩三角形之大角對大邊定理得知 $\overline{BC}<\overline{EF}$，此與已知不合	已知 $\overline{AB}=\overline{DE}$、$\overline{AC}=\overline{DF}$，兩三角形之大角對大邊定理（樞紐定理）
(3) 若 $\angle A=\angle D$，則△ABC $\cong$ △DEF， 　　$\therefore$ $\overline{BC}=\overline{EF}$，此與已知不合。	S.A.S.全等三角形定理 全等三角形對應邊相等
(4) 故根據兩量大小關係公理得 $\angle A>\angle D$	由(2) & (3)

Q. E. D.

例題 2.5-23

圖2.5-25，O為圓心，$\overline{AB}$、$\overline{CD}$為圓上兩條弦，若$\overline{AB} < \overline{CD}$，
試比較∠AOB與∠COD的大小。

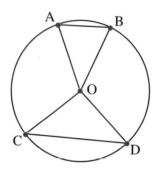

圖 2.5-25

 想法　因為圓的半徑相等，△AOB與△COD中，$\overline{OA} = \overline{OC}$、$\overline{OB} = \overline{OD}$；
所以利用逆樞紐定理，可比較出∠AOB與∠COD的大小

 解

敘述	理由
(1)在△AOB與△COD中， 　　$\overline{OA} = \overline{OC}$、$\overline{OB} = \overline{OD}$ 　　且$\overline{AB} < \overline{CD}$	如圖2.5-25 $\overline{OA}$、$\overline{OC}$、$\overline{OB}$、$\overline{OD}$為半徑 已知$\overline{AB} < \overline{CD}$
(2)∠AOB < ∠COD	由(1) & 逆樞紐定理

習題 2-5

習題 2.5-1　下列哪一組不能成為三角形的三邊長？
(A) $\sqrt{2}$，1，1　(B) 1，2，$\sqrt{3}$　(C) 2，5，2　(D) 0.6，0.9，1.4

習題 2.5-2　已知某三角形的三邊長分別為 $x+4$、5 與 9，則 x 的範圍為＿＿＿＿。

習題 2.5-3　已知三角形的三邊長分別是6公分、10公分、a公分。若a是整數，則滿足此條件的a，共有多少個？

習題2.5-4　如圖2.5-26，用四支螺絲將四條不可彎曲的木條圍成一個木框，不計螺絲大小，其中相鄰兩螺絲的距離依序為4、5、7、10，且相鄰兩木條的夾角均可調整。若調整木條的夾角時不破壞此木框，則任兩螺絲的最大距離為_____。

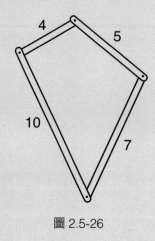

圖 2.5-26

習題2.5-5　如圖2.5-27所示，已知 $\overline{AB} + \overline{BC} + \overline{CD} + \overline{DA} = 30$，$\overline{AC}$ 與 $\overline{BD}$ 為對角線，求 $\overline{AC} + \overline{BD}$ 之範圍。

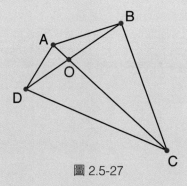

圖 2.5-27

習題2.5-6　如圖2.5-28，已知 $\overline{AB}=10$，$\overline{AC}=14$，$\overline{CD}=9$，$\overline{BD}=7$，$\overline{AD}=x$，則x的範圍為？

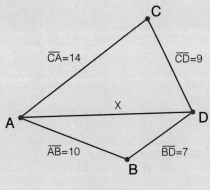

圖 2.5-28

習題2.5-7　如圖2.5-29，△ABC中，C、D在 $\overline{BE}$ 上，F在 $\overline{AC}$ 上，G在 $\overline{FD}$ 上。求 ∠1和∠B的大小關係。

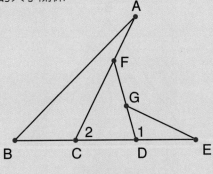

圖 2.5-29

習題2.5-8 如圖2.5-30，試比較∠P、∠Q、∠R的大小關係。

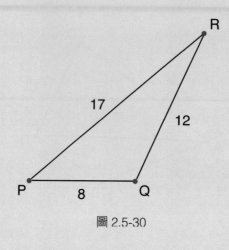

圖 2.5-30

習題2.5-9 如圖2.5-31，△ABC中，$\overline{AB} = 9$，$\overline{BC} = 9$，$\overline{AC} = 10$，則△ABC的最大角是_____。

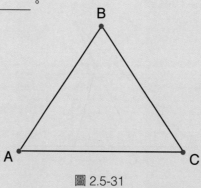

圖 2.5-31

習題2.5-10　△ABC中，已知∠A＝70°，∠B＝40°，∠C＝70°，則下列四個選項中，哪一個是正確的？

(A) $\overline{AB} > \overline{AC}$　　(B) $\overline{AB} > \overline{BC}$　　(C) $\overline{AC} = \overline{BC}$　　(D) $\overline{AB} = \overline{AC}$

習題2.5-11　△ABC中，若 $\overline{AB} = 10$，$\overline{AC} = 4$，且∠A為最大角，則 $\overline{BC}$ 可能為多少？

(A) 8　　(B) 10　　(C) 12　　(D) 14

習題2.5-12　△ABC中，∠A的外角＜∠B的外角＜∠C的外角，則下列何者正確？

(A) $\overline{BC} > \overline{AC} > \overline{AB}$　　　　(B) $\overline{AB} > \overline{AC} > \overline{BC}$

(C) $\overline{BC} > \overline{AB} > \overline{AC}$　　　　(D) $\overline{AC} > \overline{AB} > \overline{BC}$

習題2.5-13　如圖2.5-32，O為圓心，$\overline{AB}$、$\overline{CD}$ 為圓上兩條弦，若∠AOB＜∠COD，試比較 AB 與 CD 的大小。

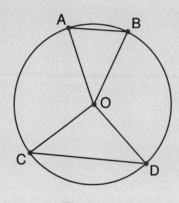

圖 2.5-32

習題2.5-14　如圖2.5-33，O為圓心，$\overline{AB}$、$\overline{CD}$ 為圓上兩條弦，若 $\overline{AB}=5$、$\overline{CD}=10$，試比較∠AOB與∠COD的大小。

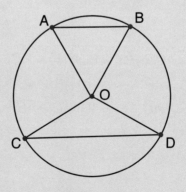

圖 2.5-33

本章重點

本章介紹最常見的幾何圖形「三角形」的各種性質。

1. 各種三角形的定義：銳角三角形、鈍角三角形、直角三角形、正三角形、等腰三角形等。
2. 介紹三角形的內角、外角、內對角等名詞定義。
3. 兩三角形全等的定義及對應邊、對應角。
4. S.A.S. 三角形全等定理。
5. A.S.A. 三角形全等定理。
6. S.S.S. 三角形全等定理。
7. 三角形邊角關係的性質：大邊對大角、大角對大邊等三角形的相關特性。

 進階思考題

1 已知△ABC ≅ △PQR，若 $\overline{AB}=x+4$，$\overline{AC}=2x-2$，$\overline{PQ}=3y+1$，$\overline{PR}=y+7$，$\overline{BC}=12$，則△PQR的三邊和為多少？

2 有一個等腰三角形的兩邊是 8 和 13，則：
(1) 第三邊長的長度為_____。
(2) 若此三角形的三邊和為偶數，則第三邊長為_____。

3 有一個三角形的三邊長成等差數列且皆為整數，已知最小邊長為 2，則此三角形的三邊長為＿＿＿＿＿＿＿＿。

4 已知某三角形的三邊長為 5、12、3x + 2，則下列何者不可能為 x 的值
(A) 2　　　(B) 3　　　(C) 4　　　(D) 5

5 已知三角形的三邊長皆不相等，且皆為整數。若三邊之和為 11 公分，則滿足此條件的三角形邊長，分別是多少公分？

6 阿義拿 21 根竹筷排各種不全等的三角形，每次 21 根全部用完，則：
(1) 共可排出幾種不同的三角形？
(2) 承 (1)，其中等腰三角形有幾種？

7 如圖2.1，ABCD為長方形，P、Q、M為 $\overline{AD}$ 上異於A、D的點，其中M為 $\overline{AD}$
的中點，則△BPC三邊和、△BQC三邊和、△BMC三邊和的大小關係為何？

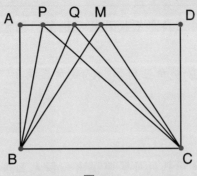

圖 2.1

歷年基測題目

1

若使用兩塊全等的三角形紙板可緊密拼出一個大三角形,則原來的小紙板必須是何種圖形? 〔95-1〕

(A)等腰三角形　(B)鈍角三角形　(C)銳角三角形　(D)直角三角形

解答

(D)直角三角形

想法

若兩塊全等的三角形紙板可緊密拼出一個大三角形,則三角形中必需要有一個角可以在兩形合拼後合成一直線,才能拼出一個大三角形,直線為平角180°,兩個角合成直線,一個角為90°(直角)。

解答說明

敘述	理由
(1)直角三角形	將兩個全等的直角三角形疊合,再將其中以直角邊為基準線往外翻,就可將這兩個直角三角形合拼成一大三角形。

2

如圖2.2，甲、乙兩人在同一水平面上溜冰，且乙在甲的正東方200公尺處。已知甲、乙分別以東偏北70°、西偏北60°的方向直線滑行，而後剛好相遇，因而停止滑行。對於兩人滑行的距離，下列敘述何者正確？　〔94-1〕

(A) 乙滑行的距離較長　　　　　(B) 兩人滑行的距離一樣長

(C) 甲滑行的距離小於200公尺　(D) 乙滑行的距離小於200公尺

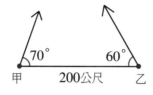

圖2.2

解答　(A) 乙滑行的距離較長

想法　大角對大邊（解題過程用到三角形內角和180°，於第四章中會證明）

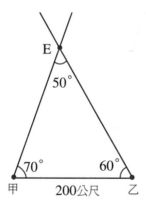

解答說明

敘述	理由
(1) (A)正確。乙滑行的距離較長	乙滑行的距離所對角最大
(2) (B)錯誤。	甲乙滑行的距離所對角的角不相等，二人滑行的距離不相等
(3) (C)錯誤。	甲滑行的距離所對角大於200邊所對的角，甲滑行的距離大於200
(4) (D)錯誤。	乙滑行的距離所對角大於200邊所對的角，乙滑行的距離大於200

3

如圖2.3所示，在斜角錐OABC中，∠OAB＝70°、∠AOB＝60°、∠BOC＝60°、∠OBC＝65°。請問在 $\overline{OA}$ 、$\overline{AB}$ 、$\overline{BC}$ 、$\overline{OC}$ 四個邊中哪一個最長？　　　　　　　　　　　　　　　〔91-1〕

(A)$\overline{OA}$　　(B)$\overline{AB}$　　(C)$\overline{BC}$　　(D)$\overline{OC}$

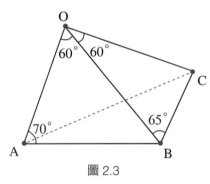

圖 2.3

（D）$\overline{OC}$

 三角形的大角對大邊

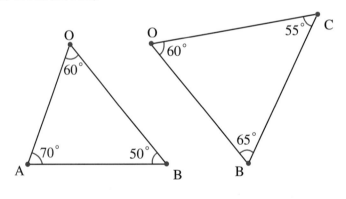

圖 2.3(a)

敘述	理由
(1)如圖2.3(a)，△OAB 中，$\overline{OA} < \overline{AB} < \overline{OB}$	三角形的大角對大邊
(2)如圖2.3(a)，△OBC 中，$\overline{OB} < \overline{BC} < \overline{OC}$	三角形的大角對大邊
(3) $\overline{OA} < \overline{AB} < \overline{OB} < \overline{BC} < \overline{OC}$	由(1) & (2)

第三章　垂直線與平行線

3.1 節　垂直線

　　有關垂直線的定義，在1.4節中已經提及。我們在此將定義1.4-1再提一次，如圖3.1-1所示，如果 $\overline{CD}$ 和 $\overline{AB}$ 所形成的交角是直角，則我們說 $\overline{CD}$ 和 $\overline{AB}$ 互相垂直。

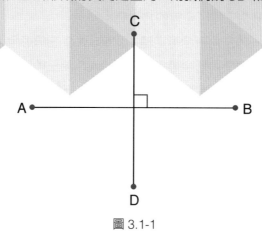

圖 3.1-1

　　我們一定好奇，在什麼情況之下，兩條直線會互相垂直呢？接下來，我們要用幾個定理來說明此點：

定理 3.1-1　　**與兩端點相等距離的兩點連線與此兩端點連線垂直**

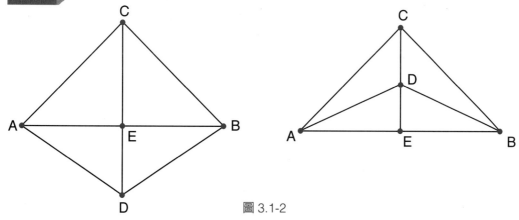

圖 3.1-2

已知 如圖3.1-2所示，C點及D點為不在 $\overline{AB}$ 線段上的兩點，$\overline{AC} = \overline{BC}$，$\overline{AD} = \overline{BD}$

求證 $\overline{AB} \perp \overline{CD}$

想法 (1) 若可證得△ACE ≅ △BCE，則由全等三角形對應角相等
可得知∠CEA＝∠CEB＝90°；
(2) 已知判斷兩個三角形全等的方法有：
　　1. 兩邊夾一角三角形全等定理，又稱S.A.S.三角形全等定理
　　2. 兩角夾一邊三角形全等定理，又稱A.S.A.三角形全等定理
　　3. 三邊相等三角形全等定理，又稱S.S.S.三角形全等定理

證明

敘述	理由
(1) 如圖3.1-2，△ACD及△BCD中，	
$\overline{AC} = \overline{BC}$	已知
$\overline{AD} = \overline{BD}$	已知
$\overline{CD} = \overline{CD}$	兩三角形共用此邊
(2) △ACD ≅ △BCD	由(1) S.S.S.三角形全等定理
(3) ∠ACD＝∠BCD	由(2) 兩全等三角形的對應角相等
(4) $\overline{CD}$ 直線與 $\overline{AB}$ 線相交於E點	兩直線交點公理
(5) △ACE及△BCE中，	由(3) ∠ACD＝∠BCD
∠ACE＝∠BCE	已知
$\overline{AC} = \overline{BC}$	兩三角形共用此邊
$\overline{CE} = \overline{CE}$	
(6) △ACE ≅ △BCE	由(5) S.A.S.三角形全等定理
(7) ∠CEA＝∠CEB	由(6) 兩全等三角形的對應角相等
(8) ∠CEA＋∠CEB＝180°	如圖3.1-2（$\overline{AEB}$ 為一直線）
(9) ∠CEA＝∠CEB＝90°	由(7) & (8)
(10) 所以 $\overline{AB} \perp \overline{CD}$	由(9)

Q. E. D.

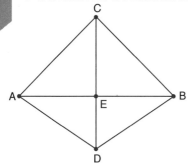

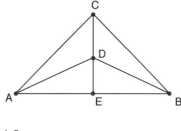

圖 3.1-3

 如圖3.1-3所示，C點及D點為不在 $\overline{AB}$ 線段上的兩點，$\overline{AC} = \overline{BC}$，$\overline{AD} = \overline{BD}$

 $\overline{AE} = \overline{BE}$

 (1) 若可證得△ACE ≅ △BCE，則由全等三角形對應邊相等可得知 $\overline{AE} = \overline{BE}$；

(2) 已知判斷兩個三角形全等的方法有：

　　1. 兩邊夾一角三角形全等定理，又稱S.A.S.三角形全等定理

　　2. 兩角夾一邊三角形全等定理，又稱A.S.A.三角形全等定理

　　3. 三邊相等三角形全等定理，又稱S.S.S.三角形全等定理

敘　述	理　由
(1) 如圖3.1-3，△ACD及△BCD中，	
$\overline{AC} = \overline{BC}$	已知
$\overline{AD} = \overline{BD}$	已知
$\overline{CD} = \overline{CD}$	兩三角形共用此邊
(2) △ACD ≅ △BCD	由(1) S.S.S.三角形全等定理
(3) ∠ACD = ∠BCD	由(2) 兩全等三角形的對應角相等
(4) $\overline{CD}$ 直線與 $\overline{AB}$ 線相交於E點	兩直線交點公理
(5) △ACE及△BCE中，	
∠ACE = ∠BCE	由(3) ∠ACD = ∠BCD
$\overline{AC} = \overline{BC}$	已知
$\overline{CE} = \overline{CE}$	兩三角形共用此邊
(6) △ACE ≅ △BCE	由(5) S.A.S.三角形全等定理
(7) $\overline{AE} = \overline{BE}$	由(6) 兩全等三角形的對應邊相等

Q. E. D.

定理
3.1-3

等腰三角形頂角平分線垂直平分底邊

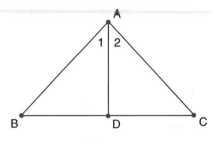

圖 3.1-4

 如圖3.1-4所示，△ABC中，若 $\overline{AB}=\overline{AC}$，∠BAD＝∠CAD（即∠1＝∠2）

 $\overline{AD}\perp\overline{BC}$ 且 $\overline{BD}=\overline{CD}$。

(1) 若可證得△ABD ≅ △ACD，則由全等三角形對應角相等
　　可得知∠ADB＝∠ADC＝90°，對應邊相等可得 $\overline{BD}=\overline{CD}$
(2) 已知判斷兩個三角形全等的方法有：
　　1. 兩邊夾一角三角形全等定理，又稱S.A.S.三角形全等定理
　　2. 兩角夾一邊三角形全等定理，又稱A.S.A.三角形全等定理
　　3. 三邊相等三角形全等定理，又稱S.S.S.三角形全等定理

敘述	理由
(1) △ABD及△ACD中，	
∠1＝∠2	已知
$\overline{AB}=\overline{AC}$	已知
$\overline{AD}=\overline{AD}$	兩三角形共用此邊
(2) △ABD ≅ △ACD	由(1) S.A.S.全等三角形定理
(3) ∠ADB＝∠ADC & $\overline{BD}=\overline{CD}$	由(2) 兩全等三角形的對應角 & 對應邊相等
(4) ∠ADB＋∠ADC＝180°	如圖3.1-4（$\overline{BDC}$ 為一直線）
(5) ∠ADB＋∠ADB＝180°	由(3) ∠ADB＝∠ADC & (4)
∴∠ADB＝90°	
(6) ∠ADB＝∠ADC＝90°。	由(3) ∠ADB＝∠ADC &
	(5) ∠ADB＝90°
(7) $\overline{AD}\perp\overline{BC}$	由(6)

Q. E. D.

以下是另一個垂直線的例子。

例題 3.1-1

如圖3.1-5所示，△ABC中，若 $\overline{AB}=\overline{AC}$，$\overline{BD}=\overline{CD}$。

$\overline{AD}\perp\overline{BC}$。

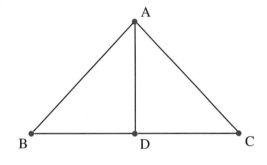

圖 3.1-5

(1) 若可證得△ABD ≅ △ACD，則由全等三角形對應角相等
可得知∠ADBc∠ADC＝90°。

(2) 已知判斷兩個三角形全等的方法有：

　　1. 兩邊夾一角三角形全等定理，又稱S.A.S.三角形全等定理

　　2. 兩角夾一邊三角形全等定理，又稱A.S.A.三角形全等定理

　　3. 三邊相等三角形全等定理，又稱S.S.S.三角形全等定理

敘述	理由
(1) △ABD及△ACD中，	
$\overline{AB}=\overline{AC}$	已知
$\overline{BD}=\overline{CD}$	已知
$\overline{AD}=\overline{AD}$	兩三角形共用此邊
(2) △ABD ≅ △ACD	由(1) S.S.S.全等三角形定理
(3) ∠ADB＝∠ADC	由(2) 兩全等三角形對應角相等
(4) ∠ADB＋∠ADC＝180°	如圖3.1-5（$\overline{BDC}$ 為一直線）
(5) ∠ADB＝∠ADC＝90°	由(3) & (4)
(6) $\overline{AD}\perp\overline{BC}$	由(5)

Q. E. D.

在結束這一小節以前，我們要再討論兩個重要的定理。

| 定理
3.1-4 | **通過直線上一點，只有一條直線與此直線垂直** |

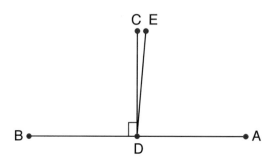

圖 3.1-6

 如圖3.1-6所示，D為 $\overline{AB}$ 上一點， $\overline{CD} \perp \overline{AB}$ ，假設 $\overline{ED} \perp \overline{AB}$ 。

 $\overline{ED}$ 與 $\overline{CD}$ 重合。

 若證得∠EDB＝∠CDB，則可得知 $\overline{ED}$ 與 $\overline{CD}$ 重合

敘述	理由
(1) ∠EDB＝90°	假設 $\overline{ED} \perp \overline{AB}$
(2) ∠CDB＝90°	已知 $\overline{CD} \perp \overline{AB}$
(3) ∠EDB＝∠CDB	由(1) & (2)
(4) $\overline{ED}$ 與 $\overline{CD}$ 重合	由(3) & 等角定義

Q. E. D.

定理
3.1-5

通過直線外一點，只有一條直線垂直此直線

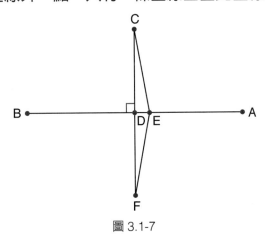

圖 3.1-7

已知　如圖3.1-7所示，C為 $\overline{AB}$ 外一點，$\overline{CD} \perp \overline{AB}$，$\overline{CE} \perp \overline{AB}$

求證　$\overline{CD}$ 與 $\overline{CE}$ 重合

想法　若能證得 $\overline{CDF}$ 與 $\overline{CEF}$ 重合，即可知 $\overline{CD}$ 與 $\overline{CE}$ 重合

證明

敘述	理由
(1) 延長 $\overline{CD}$ 至F，使 $\overline{CD}=\overline{DF}$	延長線
(2) 連接 $\overline{EF}$	兩點可作一直線（直線公理）
(3) $\angle CDE + \angle FDE = 180°$	$\overline{CDF}$ 為一直線及平角定義
(4) $\triangle CDE$ 及 $\triangle FDE$ 中，$\overline{CD}=\overline{DF}$，$\angle CDE = \angle FDE = 90$，$\overline{DE}=\overline{DE}$	由(1)的延長線作法，已知 $\overline{CD} \perp \overline{AB}$ 及垂直定義，兩三角形共用此邊
(5) $\triangle CDE \cong \triangle FDE$	由(4) 三角形S.A.S.全等定理
(6) $\angle CED = \angle FED$	由(5) 全等三角形之對應角相等
(7) $\angle CED = 90°$	已知 $\overline{CE} \perp \overline{AB}$
(8) $\angle CED + \angle FED = 180°$	由 (6) & (7)
(9) $\overline{CEF}$ 為一直線	平角的定義
(10) 故 $\overline{CDF}$ 與 $\overline{CEF}$ 重合，即 $\overline{CD}$ 與 $\overline{CE}$ 重合	過C與F兩點只有一直線

Q. E. D.

習題 3-1

習題3.1-1　　圖3.1-8中，$\overline{AB}=\overline{BC}=\overline{CD}=\overline{AD}$，試證 $\overline{AC}\perp\overline{BD}$。

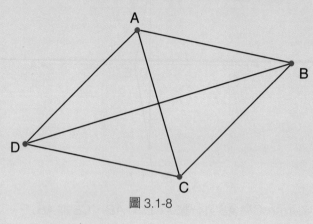

圖 3.1-8

習題3.1-2　　圖3.1-9中，$\overline{AB}=\overline{AC}$，$\overline{BD}=\overline{CD}$，試證 $\overline{AE}\perp\overline{BC}$。

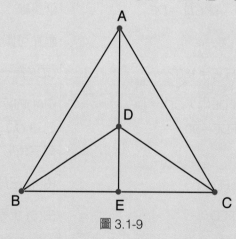

圖 3.1-9

習題3.1-3　圖3.1-10中，$\overline{AB} = \overline{AC}$，$\overline{BD}$為∠ABC的平分線，$\overline{CD}$為∠ACB的平分線，$\overline{BD}$與$\overline{CD}$相交於D，試證$\overline{AE} \perp \overline{BC}$。

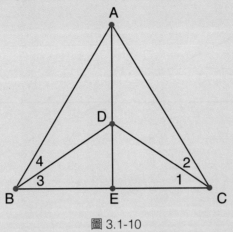

圖 3.1-10

習題3.1-4　圖3.1-11中，$\overline{AB} \perp \overline{CD}$，$\overline{CD}$為∠ECF的角平分線，試證∠ACE＝∠BCF。

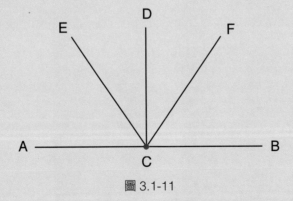

圖 3.1-11

習題3.1-5　圖3.1-12中，∠BAC與∠BCA互為餘角，∠DEC與∠DCE互為餘角，試證∠BAC＝∠DEC。

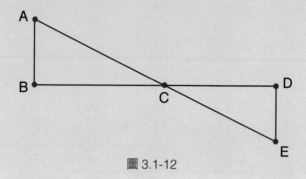

圖3.1-12

3.2 節　平行線

　　在1.4節，我們已經給平行線下了定義，我們現在將定義1.4-1在此再敘述一遍。如圖3.2-1所示，兩直線如永不相交，則我們稱此兩直線互相平行。以 // 表示之，以圖3.2-1為例，我們說 $\overline{AB}$ // $\overline{CD}$。

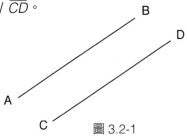

圖 3.2-1

定理 3.2-1　**兩條直線如都與一直線垂直，則此二直線互相平行**

已知　如圖3.2-2所示，$\overline{CD} \perp \overline{AB}$，$\overline{EF} \perp \overline{AB}$。

求證　$\overline{CD}$ // $\overline{EF}$。

圖 3.2-2

想法　通過直線外一點，只有一條直線與此一直線垂直

證明

敘述	理由
(1) 假設 $\overline{CD}$ 與 $\overline{EF}$ 為不互相平行的兩相異直線，則 $\overline{CD}$ 與 $\overline{EF}$ 必交於G點。	平行線永不相交
(2) $\overline{GC} \perp \overline{AB}$。	已知（因 $\overline{GDC}$ 為一直線）
(3) $\overline{GE} \perp \overline{AB}$。	已知（因 $\overline{GFE}$ 為一直線）
(4) $\overline{GDC}$ 與 $\overline{GFE}$ 必為一直線。	過直線外一點，只有一條直線垂直此直線
(5) $\overline{CD}$ // $\overline{EF}$	由(4)與(1)的假設互相矛盾，所以 $\overline{CD}$ // $\overline{EF}$

Q. E. D.

定理
3.2-2
與兩平行線中之一直線垂直之直線必定與另一直線垂直

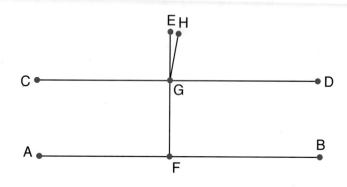

圖 3.2-3

已知 如圖3.2-3所示，$\overline{AB} \parallel \overline{CD}$，$\overline{EF} \perp \overline{AB}$，$\overline{EF}$ 與 $\overline{CD}$ 相交於G。

求證 $\overline{EF} \perp \overline{CD}$。

想法 (1) 如兩直線都垂直某直線，則此兩直線必定平行
(2) 通過直線外一點，只有一條直線與此一直線平行

證明

敘述	理由
(1) 通過G作 $\overline{GH} \perp \overline{AB}$。	延長線畫法
(2) $\overline{AB} \perp \overline{EF}$。	已知
(3) $\overline{GH} \parallel \overline{EF}$。	如兩直線都垂直某直線，則此兩直線必定平行
(4) $\overline{GH}$ 和 $\overline{GE}$ 重合。	通過直線外一點，只有一條直線與此一直線平行
(5) $\overline{CD} \perp \overline{EF}$。	$\overline{CGD}$ 為一直線。

Q. E. D.

以下，我們將再提出一個非常有用的定理。

定理
3.2-3

夾於兩平行直線之間且垂直於兩直線之兩線段相等。
（兩平行線間的距離不變，處處等長）

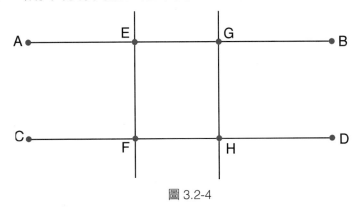

圖 3.2-4

 已知　如圖3.2-4所示，$\overline{AB} \parallel \overline{CD}$，$\overline{EF} \perp \overline{AB}$，$\overline{EF} \perp \overline{CD}$，$\overline{GH} \perp \overline{AB}$，$\overline{GH} \perp \overline{CD}$

 求證　$\overline{EF} = \overline{GH}$

 想法　利用移形公理

 證明

敘述	理由
(1) 將 $\overline{EF}$ 向右平移，使E點與G點重合	移形公理
(2) $\overline{EF} \perp \overline{CD}$ 且 $\overline{GH} \perp \overline{CD}$	已知 $\overline{EF} \perp \overline{CD}$ 且 $\overline{GH} \perp \overline{CD}$
(3) $\overline{EF}$ 與 $\overline{GH}$ 必為同一直線	由 (1) E點與G點重合 & (2) $\overline{EF} \perp \overline{CD}$ 且 $\overline{GH} \perp \overline{CD}$ 過直線外一點，只有一條直線垂直此直線
(4) F點與H點重合	由(1) E點與G點重合 & (3) $\overline{EF}$ 與 $\overline{GH}$ 必為同一直線 & F點與H點皆在 $\overline{CD}$ 上
(5) $\overline{EF} = \overline{GH}$	由(1) & (4) 兩點間只有一條線段

Q. E. D.

定義 3.2-1

截線

線與多條直線相交，則稱此線為截線。

圖3.2-5中之 $\overline{AB}$ 與 $\overline{CD}$ 都稱為截線。

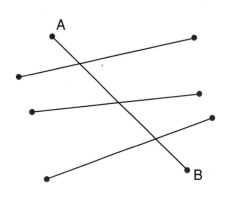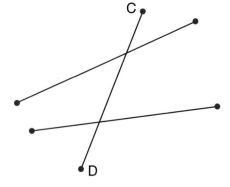

圖 3.2-5

不論兩直線平行與否，都可能有一截線和它們相交。相交的結果會產生各種的角。以下，我們就要給各種角下定義。

定義 3.2-2

內角

在兩直線內側的角，叫做內角。

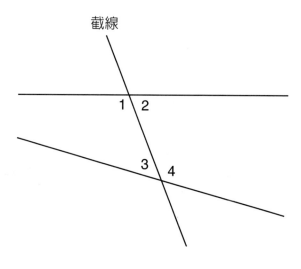

圖 3.2-6

圖3.2-6中，∠1，∠2，∠3，∠4，均為內角。

定義
3.2-3

外角
在兩直線外側的角，叫做外角。

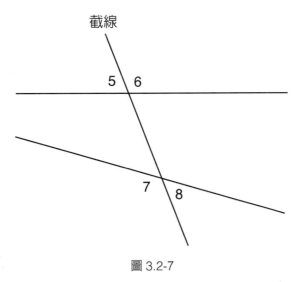

圖 3.2-7

圖3.2-7中，∠5，∠6，∠7，∠8，均為外角。

定義
3.2-4

內錯角
位居於截線兩側且不相鄰的內角，叫做內錯角。

在圖3.2-6中，∠2和∠3互為內錯角，∠1和∠4是另一組內錯角。

定義
3.2-5

外錯角
位居於截線兩側且不相鄰的外角，叫做外錯角。

在圖3.2-7中，∠5和∠8互為外錯角，∠6和∠7是另一組外錯角。

定義 3.2-6

同位角

位居於截線同側且不相鄰的內角與外角，叫做同位角。

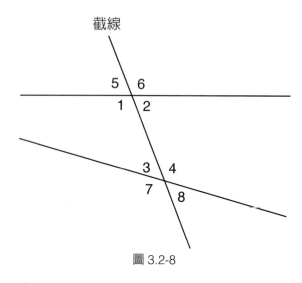

圖 3.2-8

在圖3.2-8中，∠1和∠7是一組同位角，∠2與∠8，∠5與∠3以及∠6與∠4都是同位角。

定義 3.2-7

同側內角

位於截線同側的內角，叫做同側內角。

在圖3.2-6中，∠1和∠3為一組同側內角，∠2和∠4為另一組同側內角。

定義 3.2-8

同側外角

位於截線同側的外角，叫做同側外角。

在圖3.2-7中，∠5和∠7為一組同側外角，∠6和∠8為另一組同側外角。

例題 **3.2-1**

如圖3.2-9，L是L_1和L_2的截線，則：

(1)∠2的同位角為＿＿＿＿＿＿＿。

(2)∠4的同側內角為＿＿＿＿＿＿。

(3)∠5的內錯角為＿＿＿＿＿＿。

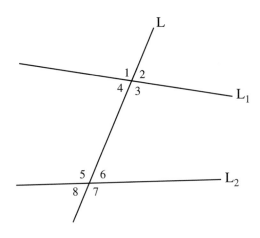

圖 3.2-9

(1) 位於截線兩側且不相鄰的內角，叫做內錯角。

(2) 位於截線同側且不相鄰的內角與外角，叫做同位角。

(3) 位於截線同側的內角，叫做同側內角。

敘　述	理　由
(1)∠2的同位角為∠6	同位角的定義
(2)∠4的同側內角為∠5	同側內角的定義
(3)∠5的內錯角為∠3	內錯角的定義

例題 3.2-2

如圖3.2-10，$\overline{PQ}$ 與四邊形ABCD交於E、F兩點。

(1)∠AEF的同位角是哪一個角？

(2)∠AEF的內錯角是哪一個角？

(3)∠AEF的同側內角是哪一個角？

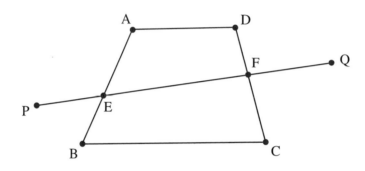

圖 3.2-10

想法

(1) 位於截線兩側且不相鄰的內角，叫做內錯角。

(2) 位於截線同側且不相鄰的內角與外角，叫做同位角。

(3) 位於截線同側的內角，叫做同側內角。

解

敘述	理由
(1)∠AEF的同位角為∠DFQ	同位角的定義
(2)∠AEF的內錯角為∠CFE	內錯角的定義
(3)∠AEF的同側內角為∠DFE	同側內角的定義

平行線的內錯角相等定理
一截線與兩平行線相交所造成的一組內錯角相等

如圖3.2-11中，$\overline{AB}\,/\!/\,\overline{CD}$，L為截線，
並分別交$\overline{AB}$、$\overline{CD}$於E、F兩點

$\angle 1 = \angle 2$

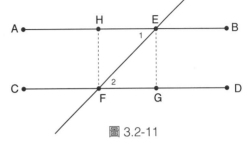

圖 3.2-11

利用兩全等三角形對應角相等的性質

敘述	理由
(1) 通過F及E，畫$\overline{FH}$及$\overline{GE}$垂直於$\overline{AB}$之直線，分別與$\overline{AB}$及$\overline{CD}$交於H及G。	過線外一點及線上一點垂直線作圖
(2) $\overline{HF} \perp \overline{CD}$，$\overline{EG} \perp \overline{CD}$。	與兩平行線（$\overline{AB}$與$\overline{CD}$）中之一直線（$\overline{AB}$）垂直，必定與另一直線（$\overline{CD}$）垂直
(3) $\overline{HF} = \overline{EG}$。	夾於兩平行直線（$\overline{AB}$與$\overline{CD}$）且垂直於兩直線（$\overline{AB}$與$\overline{CD}$）之兩線段（$\overline{HF}$與$\overline{EG}$）相等
(4) $\overline{HF}\,/\!/\,\overline{EG}$。	兩條直線（$\overline{HF}$與$\overline{EG}$）如都與一直線（$\overline{AB}$）垂直，則此兩直線平行
(5) $\overline{HE} \perp \overline{HF}$，$\overline{HE} \perp \overline{EG}$，$\overline{FG} \perp \overline{HF}$，$\overline{FG} \perp \overline{EG}$。	如圖3.2-11所示
(6) $\overline{HE} = \overline{FG}$。	夾於兩平行線（$\overline{HF}$與$\overline{EG}$）之間且垂直於兩直線之兩線段（$\overline{HE}$與$\overline{FG}$）相等
(7) △HEF及△GFE中，$\overline{HE} = \overline{GE}$，$\overline{HE} = \overline{GF}$，$\overline{EF} = \overline{FE}$。	如圖3.2-11 由(3) & (6)已證 & 共同邊
(8) △HEF ≅ △GFE。	由(7) S.S.S.三角形全等定理
(9) $\angle 1 = \angle 2$	對應角相等

Q. E. D.

例題 3.2-3

如圖2.3-12，$L_1 /\!/ L_2$，L為截線，$\angle 3 = 80°$，則：

(1) $\angle 5 =$ _____ 度　　(2) $\angle 6 =$ _____ 度

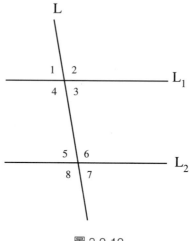

圖 3.2-12

 想法　一截線與兩平行線相交所造成的一組內錯角相等

 解

敘述	理由
(1) $\angle 5$ 與 $\angle 3$ 互為內錯角	已知L為截線
(2) $\angle 5 = \angle 3 = 80°$	已知 $L_1 /\!/ L_2$，內錯角相等 & $\angle 3 = 80°$
(3) $\angle 6 + \angle 5 = 180°$	$\angle 5 + \angle 6$ 為平角 $180°$
(4) $\angle 6 = 180° - 80° = 100°$	由(3) 等量減法公理 & 由(2) $\angle 5 = 80°$ 已證

例題 **3.2-4**

如圖3.2-13，$L_1 // L_2$，L為截線，求：

(1) x ＝＿＿＿＿＿＿＿＿＿ 。

(2) ∠1 ＝＿＿＿＿＿＿＿＿ 度。

(3) ∠2 ＝＿＿＿＿＿＿＿＿ 度。

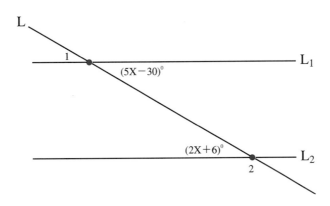

圖 3.2-13

想法　一截線與兩平行線相交所造成的一組內錯角相等

解

敘述	理由
(1) $(5x-30)° = (2x+6)°$	已知$L_1 // L_2$ & 內錯角相等
(2) x＝12	由(1) 解一元一次方程式
(3) ∠1＝$(5x-30)°$＝30°	對頂角相等 & 由(2) x＝12 已證
(4) ∠2＝180°－$(2x+6)°$＝150°	∠2與$(2x+6)°$互補 & 由(2) x＝12 已證

專門用來打好幾何基礎的數學課本 1

例題 3.2-5

如圖3.2-14，已知L₁∥L₂，若∠1＝∠2，∠4＝∠5，則：

(1)∠1與∠5是否相等？

(2)∠3與∠6是否相等？

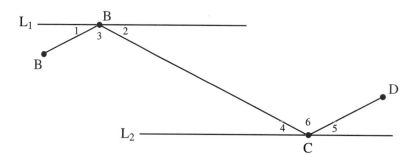

圖 3.2-14

 一截線與兩平行線相交所造成的一組內錯角相等

敘述	理由
(1)∠2＝∠4	L₁∥L₂，內錯角相等
(2)∠1＝∠2＝∠4＝∠5	已知∠1＝∠2，∠4＝∠5 &(1)遞移律
(3)∠1＝∠5	由(2)
(4)∠1＋∠2＝∠4＋∠5	由(1)式 ＋ (3)式
(5)∠3＝180°－（∠1＋∠2）	∠1＋∠2＋∠3＝180°
(6)∠6＝180°－（∠4＋∠5）	∠4＋∠5＋∠6＝180°
(7)∠3＝∠6	由(4) & (5) & (6)

有了平行線的內錯角相等定理，我們可以很容易地證明平行線的外錯角相等，理由很簡單，內錯角和外錯角相等。

定理 3.2-5

平行線的外錯角相等定理

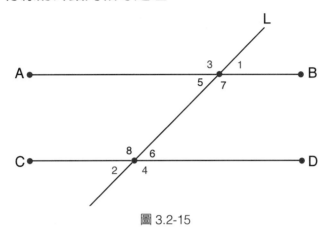

圖 3.2-15

已知 如圖3.2-15中，$\overline{AB} \parallel \overline{AC}$，L為截線

求證 ∠1＝∠2，∠3＝∠4。

想法 兩線段互相平行，則內錯角相等

證明

敘　述	理　由
(1) ∠5＝∠6	已知 $\overline{AB} \parallel \overline{CD}$，內錯角相等
(2) ∠5＝∠1	如圖3.2-15所示，對頂角相等
(3) ∠6＝∠2	如圖3.2-15所示，對頂角相等
(4) 所以∠1＝∠2	將(2) & (3)代入(1)
(5) ∠7＝∠8	已知 $\overline{AB} \parallel \overline{CD}$，內錯角相等
(6) ∠7＝∠3	如圖3.2-15所示，對頂角相等
(7) ∠8＝∠4	如圖3.2-15所示，對頂角相等
(8) 所以∠3＝∠4	將(6) & (7)代入(5)

Q. E. D.

根據以上的定理，我們還可以證明下面的定理。

定理
3.2-6

平行線的同位角相等定理

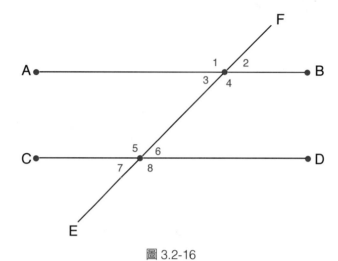

圖 3.2-16

已知 如圖3.2-16中，$\overline{AB}$ // $\overline{CD}$，$\overline{EF}$ 為截線

求證 ∠1＝∠5，∠3＝∠7，∠2＝∠6，∠4＝∠8

想法 兩線段互相平行，則內錯角相等

證明

敘述	理由
(1) ∠3＝∠6	已知 $\overline{AB}$ // $\overline{CD}$，內錯角相等
(2) ∠3＝∠2	如圖3.2-16所示，對頂角相等
(3) 所以∠2＝∠6	由(1) & (2) 遞移律
(4)同理可證∠1＝∠5，∠3＝∠7，∠4＝∠8	由(1) & (2) & (3)

Q. E. D.

例題 **3.2-6**

如圖3.2-17，$L_1 /\!/ L_2$，M是L_1、L_2的一條截線，若∠1＝50°，求∠2。

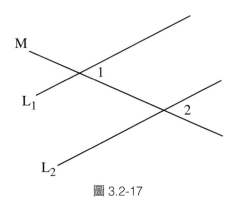

圖 3.2-17

 已知一截線與兩平行線相交，則：

1. 內錯角相等
2. 同位角相等

敘述	理由
(1)∠1的同位角為∠2	已知M是L_1、L_2的一條截線
(2)∠2＝∠1	已知$L_1 /\!/ L_2$ & 同位角相等
(3)∠2＝50°	由(2) & 已知∠1＝50°

例題 3.2-7

小明觀察百葉窗的結構，發現各葉片是互相平行，且中央軸線是一條貫穿各葉片的直線。圖3.2-18是百葉窗側面的部分示意圖，已知∠1＝65°，求∠2。

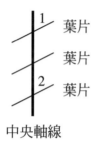

圖 3.2-18

已知一截線與兩平行線相交，則：
1. 內錯角相等
2. 同位角相等

敘述	理由
(1) ∠1的同位角為∠2	中央軸線是葉片的截線
(2) ∠2＝∠1	各葉片互相平行，同位角相等
(3) ∠2＝65°	由(2) & 已知∠1＝65°

例題 **3.2-8**

如圖3.2-19，$L_1 /\!/ L_2$，M是L_1、L_2的一條截線，$\angle 1 = 31°$，求$\angle 2$。

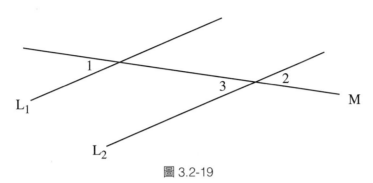

圖 3.2-19

已知一截線與兩平行線相交，則：

1. 內錯角相等
2. 同位角相等

敘述	理由
(1) $\angle 1$的同位角為$\angle 3$	M是L_1、L_2的一條截線
(2) $\angle 3 = \angle 1$	$L_1 /\!/ L_2$，同位角相等
(3) $\angle 3 = 31°$	由(2) & $\angle 1 = 31°$
(4) $\angle 2 = \angle 3 = 31°$	對頂角相等
(5) $\angle 2 = 31°$	由(4)

例題 3.2-9

如圖3.2-20，一棵原本筆直的椰子樹遭雷擊斷裂成三段，頭尾兩段剛好互相平行，已知∠1＝120°，求：

(1) ∠2。

(2) 樹頂從P點到Q點共轉了幾度？

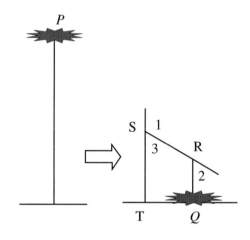

圖 3.2-20

 已知一截線與兩平行線相交，則：

1. 內錯角相等

2. 同位角相等

敘述	理由
(1)∠2的同位角為∠3	$\overline{SR}$是$\overline{ST}$與$\overline{RQ}$的一條截線
(2)∠3＝∠2	$\overline{ST}$與$\overline{RQ}$互相平行，同位角相等
(3)∠3＝180°－∠1	∠3＋∠1＝180°
(4)∠3＝180°－120°＝60°	由(3) & ∠1＝120°
(5)∠2＝∠3＝60°	由(2) & (4)
(6)∠1＋∠2＝120°＋60°＝180°	樹頂從P點到Q點共轉了∠1＋∠2

例題 **3.2-10**

如圖3.2-21，$L_1 /\!/ L_2$，M及N都是L_1、L_2的截線，且交點在L_1上，$\angle 1 = \angle 2$，$\angle 3 = \angle 4$，求$\angle 4$。

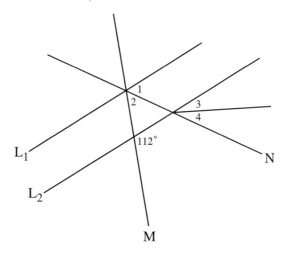

圖 3.2-21

已知一截線與兩平行線相交，則：

1. 內錯角相等
2. 同位角相等

敘述	理由
(1) $\angle 1$的同位角為$\angle 3 + \angle 4$	N是L_1、L_2的一條截線
(2) $\angle 1 = \angle 3 + \angle 4$	$L_1 /\!/ L_2$，同位角相等
(3) $\angle 1 + \angle 2$的同位角為$112°$	M是L_1、L_2的一條截線
(4) $\angle 1 + \angle 2 = 112°$	$L_1 /\!/ L_2$，同位角相等
(5) $\angle 1 = \angle 2 = 56°$	由(4) & $\angle 1 = \angle 2$
(6) $\angle 3 + \angle 4 = \angle 1 = 56°$	由(2) & (5)
(7) $\angle 4 = \angle 3 = 28°$	由(6) & $\angle 3 = \angle 4$

例題 3.2-11

如圖3.2-22，$L_1 /\!/ L_2$，$L_3 /\!/ L_4$，則：

(1) $\angle 1 =$ _____ 度。　　(2) $\angle 2 =$ _____ 度。

(3) $\angle 3 =$ _____ 度。　　(4) $\angle 4 =$ _____ 度。

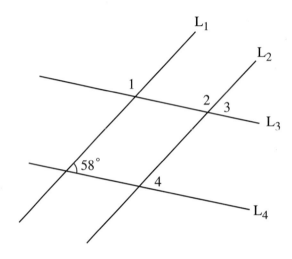

圖 3.2-22

已知一截線與兩平行線相交，則：

1. 內錯角相等

2. 同位角相等

敘述	理由
(1) $\angle 4 = 58°$	$L_1 /\!/ L_2$，同位角相等
(2) $\angle 3 = \angle 4 = 58°$	$L_3 /\!/ L_4$，同位角相等 & $\angle 4 = 58°$
(3) $\angle 2 = 180° - \angle 3$	$\angle 3$ 與 $\angle 2$ 互補，$\angle 3 + \angle 2 = 180°$
(4) $\angle 2 = 180° - \angle 3 = 122°$	由(3) & $\angle 3 = 58°$
(5) $\angle 1 = \angle 2 = 122°$	$L_1 /\!/ L_2$，同位角相等 & $\angle 2 = 122°$

例題 3.2-12

 已知 如圖3.2-23所示，$\overline{AD}=\overline{AE}$，$\overline{DE}\,/\!/\,\overline{BC}$。

 求證 △ABC為等腰三角形。

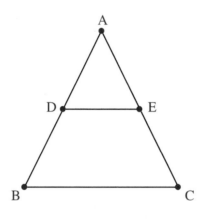

圖 3.2-23

 想法
(1) 兩底角相等為等腰三角形
(2) 已知一截線與兩平行線相交，則：
　　1. 內錯角相等
　　2. 同位角相等

 證明

敘述	理由
(1)△ADE為等腰三角形	$\overline{AD}=\overline{AE}$
(2)∠ADE＝∠AED	等腰三角形兩底角相等
(3)∠ADE＝∠B	$\overline{DE}\,/\!/\,\overline{BC}$，同位角相等
(4)∠AED＝∠C	$\overline{DE}\,/\!/\,\overline{BC}$，同位角相等
(5)∠B＝∠C	由(2) & (3) & (4)
(6)△ABC為等腰三角形	∠B＝∠C，兩底角相等為等腰三角形

Q. E. D.

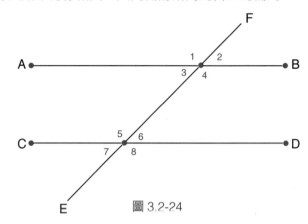

定理 3.2-1

平行線的同側內角互為補角定理

一線與兩平行線相交，其同側的兩內角會互為補角。

圖 3.2-24

已知 圖3.2-24中，$\overline{AB}\,/\!/\,\overline{CD}$，$\overline{EF}$ 為截線

求證 $\angle 3 + \angle 5 = 180°$，$\angle 4 + \angle 6 = 180°$

想法一 兩線段互相平行，則內錯角相等

證明一

敘述	理由
(1) $\angle 6 = \angle 3$	已知 $\overline{AB}\,/\!/\,\overline{CD}$，內錯角相等
(2) $\angle 5 + \angle 6 = 180°$	如圖3.2-24所示，$\overline{CD}$ 為一線段
(3) 所以 $\angle 5 + \angle 3 = 180°$	將(1) $\angle 6 = \angle 3$ 代入(2)
(4) 同理可證 $\angle 4 + \angle 6 = 180°$	由(1) & (2) & (3)

Q. E. D.

想法二 兩線段互相平行，則同位角相等

證明二

敘述	理由
(1) $\angle 1 = \angle 5$	已知 $\overline{AB}\,/\!/\,\overline{CD}$，同位角相等
(2) $\angle 1 + \angle 3 = 180°$	如圖3.2-24所示，$\overline{EF}$ 為一線段
(3) 所以 $\angle 5 + \angle 3 = 180°$	將(1) $\angle 1 = \angle 5$ 代入(2)
(4) 同理可證 $\angle 4 + \angle 6 = 180°$	由(1) & (2) & (3)

Q. E. D.

例題 **3.2-13**

圖3.2-25是美工刀的一部分。小美測量其刀尖的角度∠1＝62°，若刀片上下兩側互相平行，求∠2。

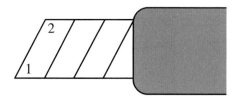

圖 3.2-25

一截線與兩平行線相交，則：

1. 內錯角相等
2. 同位角相等
3. 同側內角互補

敘述	理由
(1) ∠2與∠1互為同側內角	如圖3.2-25所示
(2) ∠2＋∠1＝180°	刀片上下兩側互相平行，同側內角互補
(3) ∠2＝180°－∠1	由(2)
(4) ∠2＝118°	由(3) & ∠1＝62°

例題 3.2-14

如圖3.2-26，$L_1 \parallel L_2$，M是L_1、L_2的一條截線，若$\angle 1 = 47°$，求$\angle 2$、$\angle 3$。

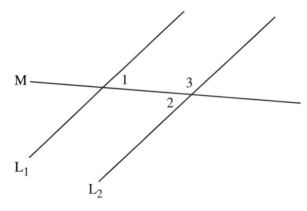

圖 3.2-26

一截線與兩平行線相交，則：
1. 內錯角相等
2. 同位角相等
3. 同側內角互補

敘述	理由
(1) $\angle 3$與$\angle 1$互為同側內角	M是L_1、L_2的一條截線
(2) $\angle 3 + \angle 1 = 180°$	$L_1 \parallel L_2$，同側內角互補
(3) $\angle 3 = 180° - \angle 1$	由(2)
(4) $\angle 3 = 180° - 47° = 133°$	由(3) & $\angle 1 = 47°$
(5) $\angle 2$與$\angle 1$互為內錯角	M是L_1、L_2的一條截線
(6) $\angle 2 = \angle 1 = 47°$	$L_1 \parallel L_2$，內錯角相等 & $\angle 1 = 47°$

例題 **3.2-15**

如圖3.2-27，$L_1 /\!/ L_2$，M是L_1、L_2的一條截線，$\angle 1 = 123°$，求$\angle 2$

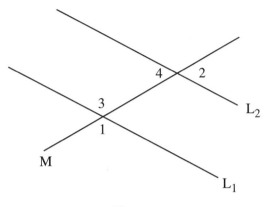

圖 3.2-27

 一截線與兩平行線相交，則：

1. 內錯角相等

2. 同位角相等

3. 同側內角互補

敘述	理由
(1) $\angle 3 = \angle 1 = 123°$	對頂角相等 & 已知$\angle 1 = 123°$
(2) $\angle 3 + \angle 4 = 180°$	$L_1 /\!/ L_2$，同側內角互補
(3) $\angle 4 = 180° - \angle 3 = 180° - \angle 1$	由(2) & (1)
(4) $\angle 4 = 180° - 123° = 57°$	由(3) & (1)
(5) $\angle 2 = \angle 4 = 57°$	對頂角相等

定理 3.2-8 內錯角相等的兩線平行定理

一截線與兩直線相交，所形成的任一組內錯角相等，則這兩線平行。

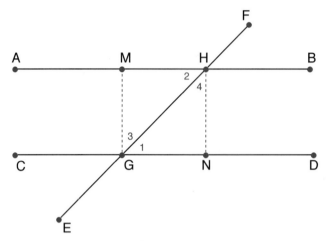

圖 3.2-28

 如圖3.2-28中，$\overline{AB}$ 及 $\overline{CD}$ 兩直線與 $\overline{EF}$ 相交，且∠1＝∠2。

 求證 $\overline{AB}$ ∥ $\overline{CD}$

 想法 利用垂直於同一直線的兩線平行定理。

 證明

敘述	理由
(1) 過G畫 $\overline{GM}$ 垂直 $\overline{CD}$，交 $\overline{AB}$ 於M。	通過直線上一點，只有一條直線與此直線垂直
(2) 過H畫 $\overline{HN}$ 垂直 $\overline{CD}$，交 $\overline{CD}$ 於N。	通過直線外一點，只有一條直線與此直線垂直
(3) ∵ $\overline{GM} \perp \overline{CD}$ 且 $\overline{NH} \perp \overline{CD}$，∴ $\overline{GM}$ ∥ $\overline{NH}$ 。	垂直於同一直線的兩線平行定理
(4) ∠3＝∠4	平行線的內錯角相等
(5) ∠1＝∠2	已知
(6) ∠1＋∠3＝∠2＋∠4	由(4) & (5) 等量相加

(7) ∠1＋∠3＝90	由(1)，$\overline{GM} \perp \overline{CD}$
(8) ∠2＋∠4＝90	由(6) & (7)
(9) $\overline{NH} \perp \overline{AB}$	由(8) & 垂直定義
(10) $\overline{NH} \perp \overline{CD}$ 且 $\overline{NH} \perp \overline{AB}$	由(2) & (9)
(11) $\overline{AB}$ ∥ $\overline{CD}$	垂直於同一直線的兩線平行定理

Q. E. D.

例題 3.2-16

如圖3.2-29，小惠利用直尺及麥克筆，在海報紙上寫了一個很大的英文字母「N」，她量得∠1和∠2的度數相同，則這個「N」字的左右兩邊是否平行？為什麼？

圖 3.2-29

 內錯角相等的兩線平行

敘述	理由
這個「N」字的左右兩邊互相平行	∠1＝∠2，內錯角相等的兩線平行定理

有了內錯角相等的兩線平行定理之後，很容易就可以證明下面三個定理。

定理 3.2-9

外錯角相等的兩線平行定理

一截線與兩直線相交，所形成的任一組外錯角相等，則這兩線平行。

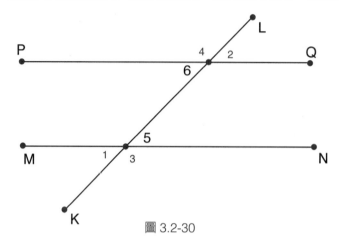

圖 3.2-30

 如圖3.2-30中，∠1＝∠2或 ∠3＝∠4

 $\overline{MN} \, /\!/ \, \overline{PQ}$

 利用內錯角相等，則兩線互相平行的定理

敘述	理由
(1) ∠5與∠6為一組內錯角	如3.2-30圖，$\overline{KL}$ 為 $\overline{MN}$ 與 $\overline{PQ}$ 的截線
(2) ∠5＝∠1	如圖3.2-30所示，對頂角相等
(3) ∠6＝∠2	如圖3.2-30所示，對頂角相等
(4) ∠5＝∠1＝∠2＝∠6	由(2) & (3) & 已知∠1＝∠2
(5) 所以∠5＝∠6	由(4)
(6) 所以 $\overline{MN} \, /\!/ \, \overline{PQ}$	由(5) ∠5＝∠6已證 & 內錯角相等，兩直線互相平行定理
(7) 同理可證，若∠3＝∠4，則 $\overline{MN} \, /\!/ \, \overline{PQ}$	由(1)~(6)

Q. E. D.

同位角相等的兩線平行定理

一截線與兩直線相交，所形成的任一組同位角相等，則這兩線平行。

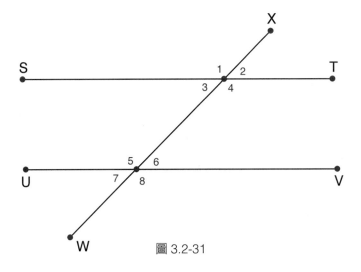

圖 3.2-31

 如圖3.2-31中，∠1＝∠5 或∠3＝∠7或∠2＝∠6或∠4＝∠8

 $\overline{ST} /\!/ \overline{UV}$

想法　利用內錯角相等，則兩線互相平行的定理

證明

敘述	理由
(1) ∠4與∠5為一組內錯角	如圖3.2-31，$\overline{XW}$ 為 $\overline{ST}$ 與 $\overline{UV}$ 的截線
(2) ∠4＝∠1	如圖3.2-31所示，對頂角相等
(3) ∠4＝∠1＝∠5	由(2) & 已知∠1＝∠5
(4) 所以∠4＝∠5	由(3)
(5) 所以$\overline{ST} /\!/ \overline{UV}$	由(4) ∠4＝∠5已證 & 內錯角相等，兩直線互相平行定理
(6) 同理可證，若∠3＝∠7或∠2＝∠6 　　或∠4＝∠8，則 $\overline{ST} /\!/ \overline{UV}$	由(1)~(5)

Q. E. D.

例題 3.2-17

如圖3.2-32，M為L_1、L_2的截線，且$\angle 1 = \angle 2 = 105°$，則$L_1$、$L_2$是否平行？

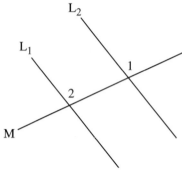

圖 3.2-32

 想法 　已知判斷兩直線平行的方法有：

1. 內錯角相等的兩線平行
2. 同位角相等的兩線平行

 解

敘述	理由
$L_1 /\!/ L_2$	$\angle 1 = \angle 2$，同位角相等的兩線平行定理

例題 **3.2-18**

圖3.2-33(a)為量販店裡購物手推車的側面簡圖。設粗線段稱為「頂邊」，
圖3.2-33(b)為<u>小華</u>將兩台相同的手推車收納在一起的情形，此時兩條「頂
邊」是否平行？

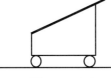

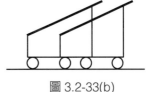

圖 3.2-33(a)　　　　　圖 3.2-33(b)

 想法　已知判斷兩直線平行的方法有：

1. 內錯角相等的兩線平行
2. 同位角相等的兩線平行

 解

敘述	理由
(1) 作M//$\overline{CH}$分別交兩頂邊於A、B 兩點，如圖3.2-33(c)所示	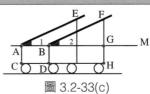 圖 3.2-33(c) 圖3.2-33(c)為兩台相同手推車
(2) ∠ACH = ∠BDH 且 ∠CAE = ∠DBF	
(3) ∠ACH + ∠CAG = 180°	由(1) M//$\overline{CH}$ & 同側內角互補
(4) ∠CAG = 180° − ∠ACH	由(3) 等量減法公理
(5) ∠BDH + ∠DBG = 180°	由(1) M//$\overline{CH}$ & 同側內角互補
(6) ∠DBG = 180° − ∠BDH = 180° − ∠ACH = ∠CAG	由(5) 等量減法公理 由(2) ∠BDH=∠ACH 代換 由(4) ∠CAG=180° − ∠ACH 代換
(7) ∠CAE = ∠CAG + ∠1	如圖3.2-33(c) 全量等於分量之和
(8) ∠DBF = ∠DBG + ∠2	如圖3.2-33(c) 全量等於分量之和
(9) ∠CAG + ∠1 = ∠DBG + ∠2	由(2) ∠CAE=∠DBF & (7)、(8)
(10) ∠CAG + ∠1 = ∠CAG + ∠2	由(9) & (6) ∠DBG=∠CAG 代換
(11) ∠1 = ∠2	由(10) 等量減法公理
(12) 兩條頂邊互相平行	由(11) ∠1=∠2，同位角相等的兩線平 行定理

定理
3.2-11

同側內角互補的兩線平行定理

一截線與兩直線相交，所形成的任　組同側內角互補，則這兩線平行。

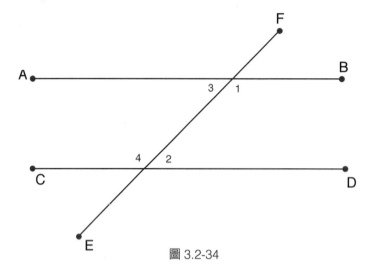

圖 3.2-34

已知

如圖3.2-34中，∠1＋∠2＝180° 或 ∠3＋∠4＝180°。

求證

$\overline{AB} \parallel \overline{CD}$

想法

利用內錯角相等，則兩線互相平行的定理

證明

敘　述	理　由
(1) ∠1與∠4為一組內錯角	如圖3.2-34，$\overline{EF}$ 為 $\overline{AB}$ 與 $\overline{CD}$ 的截線
(2) ∠2＋∠4＝180°	如圖3.2-34所示，$\overline{CD}$ 為一線段
(3) ∠1＋∠2＝180°	已知∠1＋∠2＝180°
(4) ∠2＋∠4＝∠1＋∠2	由(2) & (3)遞移律
(5) 所以∠4＝∠1	由(4) 等量減法公理
(6) 所以 $\overline{AB} \parallel \overline{CD}$	由(5) ∠4＝∠1已證 & 內錯角相等，兩直線互相平行定理
(7) 同理可證，若∠3＋∠4＝180°， 　　則 $\overline{AB} \parallel \overline{CD}$	由(1)~(6)

Q. E. D.

例題 **3.2-19**

如圖3.2-35，L為L_1、L_2的截線，且$\angle 1 = 41°$，$\angle 2 = 141°$，則L_1與L_2是否平行？

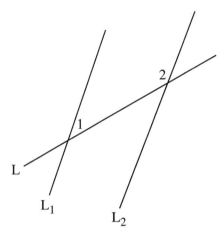

圖 3.2-35

 判斷兩直線平行的方法有：

1. 內錯角相等的兩線平行

2. 同位角相等的兩線平行

3. 同側內角互補的兩線平行

敘述	理由
(1) $\angle 1 + \angle 2 = 182°$	已知$\angle 1 = 41°$ & $\angle 2 = 141°$
(2) L_1與L_2不平行	同側內角不互補，則L_1與L_2不平行

例題 3.2-20

如圖3.2-36，直角△ABC中，∠C＝90°，L為 $\overline{BC}$ 的中垂線。試檢查L與 $\overline{AC}$ 是否互相平行。

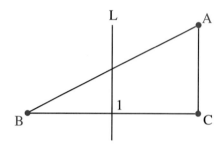

圖 3.2-36

判斷兩直線平行的方法有：

1. 內錯角相等的兩線平行
2. 同位角相等的兩線平行
3. 同側內角互補的兩線平行

敘述	理由
(1) ∠1＝90°	L為 $\overline{BC}$ 的中垂線
(2) ∠C＝90°	已知直角△ABC中，∠C＝90°
(3) ∠1＋∠C＝180°	由(1) & (2)
(4) L∥$\overline{AC}$	∠1＋∠C＝180°，同側內角互補的兩線平行定理

例題 **3.2-21**

下列各小題中的直線L₁、L₂是否平行？說明理由。

(1)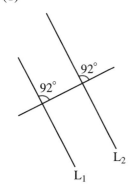

圖 3.2-37(a)

(2)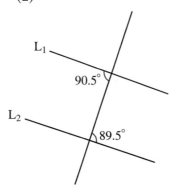

圖 3.2-37(b)

(3)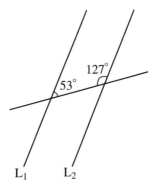

圖 3.2-37(c)

 判斷兩直線平行的方法有：

1. 內錯角相等的兩線平行
2. 同位角相等的兩線平行
3. 同側內角互補的兩線平行

敘　述	理　由
(1) 圖3.2-37(a)中，$L_1 /\!/ L_2$	$92° = 92°$，同位角相等的兩線平行定理
(2) 圖3.2-37(b)中，L_1 與 L_2 不平行	$90.5° \neq 89.5°$，內錯角不相等
(3) 圖3.2-37(c)中，$L_1 /\!/ L_2$	$53° + 127° = 180°$，同側內角互補的兩線互相平行

在練習完內錯角、同位角、同側內角的基本題型之後，接下來，讓我們來練習一些變化的題型。

例題 3.2-22

 已知 圖3.2-38中，$\overline{AB} \parallel \overline{CD}$，∠C＝∠D，

 求證 ∠A＝∠B。

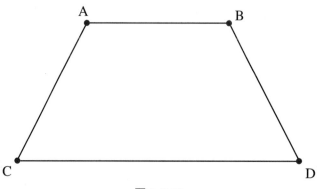

圖 3.2-38

 想法 一截線與兩平行線相交，則：

1. 內錯角相等
2. 同位角相等
3. 同側內角互補

 證明

敘述	理由
(1) ∠A＋∠C＝180°	已知 $\overline{AB} \parallel \overline{CD}$，同側內角互補
(2) ∠A＝180°－∠C	由(1) 等量減法公理
(3) ∠B＋∠D＝180°	已知 $\overline{AB} \parallel \overline{CD}$，同側內角互補
(4) ∠B＝180°－∠D	由(3) 等量減法公理
(5) ∠A＝180°－∠C＝180°－∠D＝∠B	由(2) & (4) & 已知∠C＝∠D

Q. E. D.

例題 **3.2-23**

已知 圖3.2-39中，$\overline{AB}\,/\!/\,\overline{CD}$，$\overline{AD}\,/\!/\,\overline{BC}$，

求證 ∠1＋∠2＋∠3＝∠3＋∠4＋∠5。

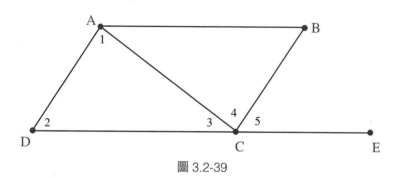

圖 3.2-39

想法 一截線與兩平行線相交，則：
1. 內錯角相等
2. 同位角相等
3. 同側內角互補

證明

敘述	理由
(1) ∠2＝∠5	已知 $\overline{AD}\,/\!/\,\overline{BC}$，∠2與∠5為同位角 & 同位角相等
(2) ∠1＝∠4	已知 $\overline{AD}\,/\!/\,\overline{BC}$，∠1與∠4為內錯角 & 內錯角相等
(3) ∠1＋∠2＝∠4＋∠5	由(1)式 ＋ (2)式
(4) ∠1＋∠2＋∠3＝∠3＋∠4＋∠5	由(3) & 等量加法公理（等式兩邊同加∠3）

Q. E. D.

　　由例題3.2-23中，我們可以得知另一個重要的定理：（三角形三內角和**180°**）
∠1＋∠2＋∠3為△ACD的三個內角和，且∠3＋∠4＋∠5為平角180°，所以我們得
知△ACD的三個內角和∠1＋∠2＋∠3＝∠3＋∠4＋∠5＝180°。（三角形三內角和
180°的定理在第四章會再介紹一次）

例題 **3.2-24**

已知　圖3.2-40中，$\overline{AB}\,/\!/\,\overline{CD}$，$\overline{AC}\,/\!/\,\overline{BD}$，

求證　$\overline{AB} = \overline{CD}$，$\overline{AC} = \overline{BD}$。

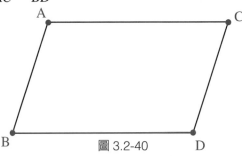

圖 3.2-40

想法
(1) 利用兩全等三角形對應邊相等性質證明兩線段相等
(2) 一截線與兩平行線相交，則：
　　1. 內錯角相等
　　2. 同位角相等
　　3. 同側內角互補
(3) 判斷兩個三角形全等的方法有：
　　1. 兩邊夾一角三角形全等定理，又稱S.A.S.三角形全等定理
　　2. 兩角夾一邊三角形全等定理，又稱A.S.A.三角形全等定理
　　3. 三邊相等三角形全等定理，又稱S.S.S.三角形全等定理

證明

敘述	理由
(1)連接A點與D點，如圖3.2-40(a)所示	作圖，兩點決定一直線 圖 3.2-40(a)
(2) △DBA與△ACD中 　∠1＝∠2 　$\overline{AD} = \overline{DA}$ 　∠3＝∠4	如圖3.2-40(a)所示 已知 $\overline{AB}\,/\!/\,\overline{CD}$，內錯角相等 共同邊 已知 $\overline{AC}\,/\!/\,\overline{BD}$，內錯角相等
(3) △DBA ≅ △ACD	由(2) A.S.A.三角形全等定理
(4) $\overline{AB} = \overline{DC}$，$\overline{AC} = \overline{DB}$	由(3) 對應邊相等

Q. E. D.

例題 **3.2-25**

已知　圖3.2-41中，$\overline{AB} /\!/ \overline{CD}$，$\overline{AC} /\!/ \overline{BD}$ ，

求證　$\overline{AE} = \overline{DE}$，$\overline{BE} = \overline{CE}$ 。

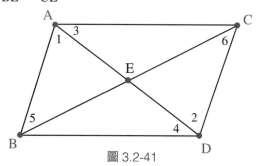

圖 3.2-41

想法
(1) 一截線與兩平行線相交，則：
　　1. 內錯角相等
　　2. 同位角相等
　　3. 同側內角互補
(2) 判斷兩個三角形全等的方法有：
　　1. 兩邊夾一角三角形全等定理，又稱S.A.S.三角形全等定理
　　2. 兩角夾一邊三角形全等定理，又稱A.S.A.三角形全等定理
　　3. 三邊相等三角形全等定理，又稱S.S.S.三角形全等定理

證明

敘述	理由
(1) △DBA與△ACD中	如圖3.2-41所示
∠1＝∠2	已知$\overline{AB} /\!/ \overline{CD}$，內錯角相等
$\overline{AD} = \overline{DA}$	共同邊
∠3＝∠4	已知$\overline{AC} /\!/ \overline{BD}$，內錯角相等
(2) △DBA ≅ △ACD	由(1) A.S.A.三角形全等定理
(3) $\overline{AB} = \overline{CD}$，$\overline{AC} = \overline{BD}$	由(2) 對應邊相等
(4) △ABE與△DCE中	如圖3.2-41所示
∠1＝∠2	已知$\overline{AB} /\!/ \overline{CD}$，內錯角相等
$\overline{AB} = \overline{DC}$	由(3) 已證
∠5＝∠6	已知$\overline{AB} /\!/ \overline{CD}$，內錯角相等
(5) △ABE ≅ △DCE	由(4) A.S.A.三角形全等定理
(6) $\overline{AE} = \overline{DE}$，$\overline{BE} = \overline{CE}$	由(5) 對應邊相等

Q. E. D.

例題 3.2-26

 已知 圖3.2-42中，$\overline{AB}\,/\!/\,\overline{CD}$，$\overline{AD}\,/\!/\,\overline{BC}$，$\overline{AE}=\overline{BE}$，$\overline{AF}=\overline{FC}$

 求證 $\overline{EF}=\overline{GF}$。

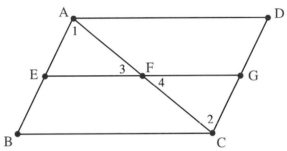

圖 3.2-42

 想法
(1) 一截線與兩平行線相交，則：
    1. 內錯角相等
    2. 同位角相等
    3. 同側內角互補
(2) 判斷兩個三角形全等的方法有：
    1. 兩邊夾一角三角形全等定理，又稱S.A.S.三角形全等定理
    2. 兩角夾一邊三角形全等定理，又稱A.S.A.三角形全等定理
    3. 三邊相等三角形全等定理，又稱S.S.S.三角形全等定理

 證明

敘述	理由
(1) △AEF與△CGF中	如圖3.2-42所示
∠1＝∠2	已知 $\overline{AB}\,/\!/\,\overline{CD}$，內錯角相等
$\overline{AF}=\overline{FC}$	已知 $\overline{AF}=\overline{FC}$
∠3＝∠4	對頂角相等
(2) △AEF ≅ △CGF	由(1) A.S.A.三角形全等定理
(3) $\overline{EF}=\overline{GF}$	由(2) 對應邊相等

Q. E. D.

習題 3-2

習題3.2-1　如圖3.2-43，L是L₁和L₂的截線，則：

(1)∠1的同位角為＿＿＿＿＿。

(2)∠3的同側內角為＿＿＿＿＿。

(3)∠4的內錯角為＿＿＿＿＿。

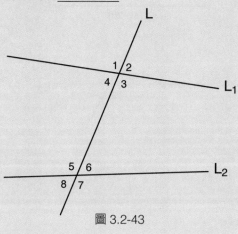

圖 3.2-43

習題3.2-2　如圖3.2-44，L₁∥L₂，L為截線，∠4＝100°，則：

(1)∠6＝＿＿＿＿度　　(2)∠5＝＿＿＿＿度

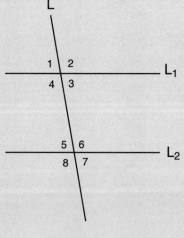

圖 3.2-44

習題3.2-3　如圖3.2-45，$L_1 // L_2$，L為截線，求：

(1) x＝_____。　　(2) ∠1＝_____度。　　(3) ∠2＝_____度。

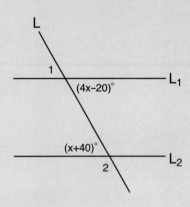

圖 3.2-45

習題3.2-4　如圖3.2-46，已知 $L_1 // L_2$，M是L_1、L_2的一條截線，若∠1＝125°，求∠2。

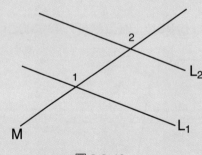

圖 3.2-46

習題3.2-5	如圖3.2-47，$\overline{AD} \parallel \overline{BC} \parallel \overline{EF} \parallel \overline{PQ}$。連接 $\overline{AQ}$，且∠1＝60°，求：

(1) ∠2至∠8各截角的度數。

(2) 同側內角∠3與∠5的和。

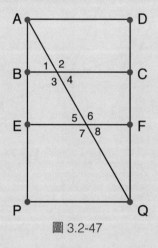

圖 3.2-47

習題3.2-6	如圖3.2-48，$L_1 \parallel L_2$，$L_3 \parallel L_4$，則：

(1)∠1＝＿＿＿＿＿度。　　(2)∠2＝＿＿＿＿＿度。

(3)∠3＝＿＿＿＿＿度。　　(4)∠4＝＿＿＿＿＿度。

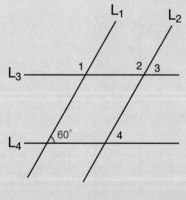

圖 3.2-48

習題3.2-7　如圖3.2-49，L_1∥L_2，M是L_1、L_2的一條截線，若∠1＝135°，求∠2、∠3。

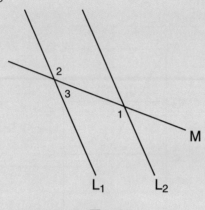

圖 3.2-49

習題3.2-8　如圖3.2-50，L_1∥L_2，M是L_1和L_2的截線，∠1＝57°，則：

(1) ∠2和_____是同側內角。

(2) ∠3和_____是同位角。

(3) ∠6＝_____度。

(4) ∠8＝_____度。

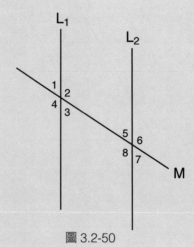

圖 3.2-50

習題3.2-9 如圖3.2-51，$L_1 // L_2 // L_3$，L為截線，$\angle 1 = 75°$，則：

(1) $\angle 2 = $ _____度。

(2) $\angle 3 = $ _____度。

(3) $\angle 4 = $ _____度。

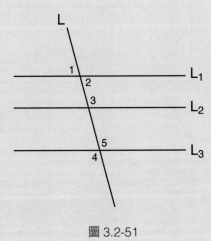

圖 3.2-51

習題3.2-10 如圖3.2-52，回答下列問題：

(1) L_1和哪一條直線平行？_____。

(2) L_2和哪一條直線平行？_____。

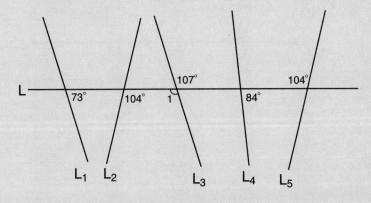

圖 3.2-52

習題3.2-11　圖3.2-53中，$\overline{AB}$ ∥ $\overline{CD}$，$\overline{HE}$ 平分∠BEF，$\overline{GF}$ 平分∠CFE，試證 $\overline{EH}$ ∥ $\overline{GF}$。

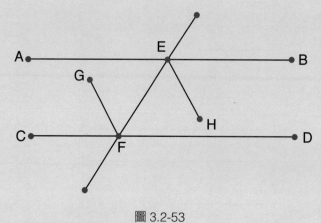

圖 3.2-53

習題3.2-12　圖3.2-54中，$\overline{AB}$ ∥ $\overline{A'B'}$，$\overline{CD}$ ∥ $\overline{BD'}$，試證∠ACD＝∠A'B'D'。

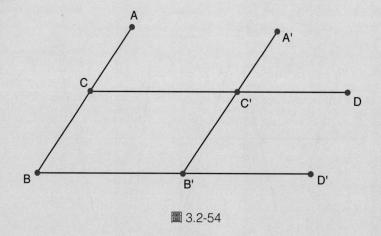

圖 3.2-54

習題3.2-13　圖3.2-55中，$\overline{AB} \parallel \overline{CD}$，$\overline{AC} \parallel \overline{DE}$，$\overline{AB} = \overline{CD}$，試證 $\overline{AC} = \overline{DE}$。

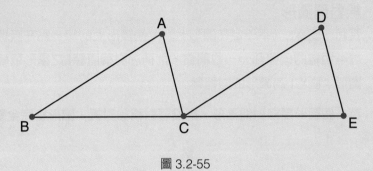

圖 3.2-55

習題3.2-14　圖3.2-56中，$\overline{AB} \parallel \overline{CD}$，$\overline{AC} \parallel \overline{BD}$，試證∠A＝∠D，∠C＝∠B。

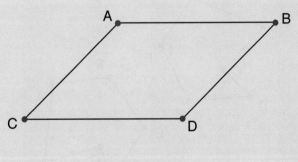

圖 3.2-56

3.3 節　對稱圖形

定義
3.3-1

線對稱圖形

若有一直線L（不一定在圖形上），使圖形上的每一點在直線的對側與直線等距離的位置都有一**對稱點**，則稱為**對稱直線L之圖形**或簡稱為**線對稱圖形**，直線L為圖形的**對稱軸**。

若一個圖形是線對稱圖形，則沿著對稱軸對折，圖形會完全重疊。

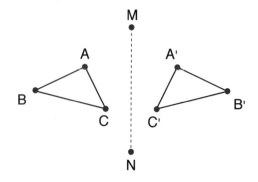

圖 3.3-1 對稱直線 $\overline{MN}$ 之線對稱圖形

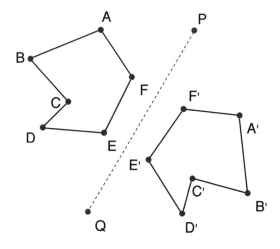

圖 3.3-2 對稱直線 $\overline{PQ}$ 之線對稱圖形

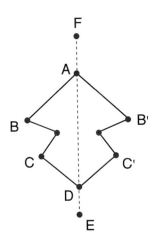

圖 3.3-3：此圖為對稱 *EF* 之線對稱圖形。

常見之線對稱圖形有：正方形、長方形、等腰三角形、圓形，　等。

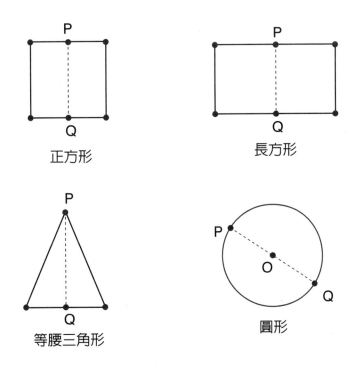

正方形　　　　　　　　　　　長方形

等腰三角形　　　　　　　　圓形

圖 3.3-4：圖中之各圖形都是以 *PQ* 為對稱軸之線對稱圖形

　　平行四邊形並不是一個線對稱圖形，若以平行四邊形ABCD的兩對邊中點連線段 $\overline{PQ}$ 為對稱軸，則對稱 $\overline{PQ}$ 的圖形為另一平行四邊形A`B`C`D`，圖形並沒有完全重疊，如圖3.3-5所示；若以平行四邊形的對角線 $\overline{AC}$ 為對稱軸，則平行四邊形ABCD對稱 $\overline{AC}$ 的圖形為平行四邊形AB`CD`，圖形並沒有完全重疊，如圖3.3-6所示；若以平行四邊形的對角線 $\overline{BD}$ 為對稱軸，則平行四邊形ABCD對稱 $\overline{BD}$ 的圖形為平行四邊形A`BC`D，圖形並沒有完全重疊，如圖3.3-7所示。在平行四邊形上找不到對稱軸，可以延著對稱軸對折後，圖形會完全重疊，故平行四邊形不是一個線對稱圖形。

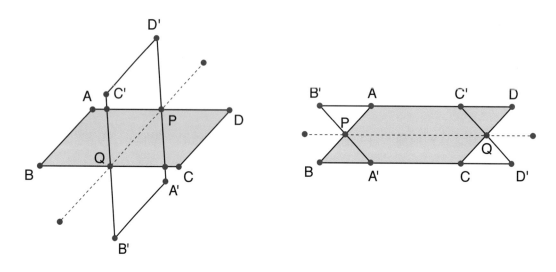

圖 3.3-5：以平行四邊形兩對邊的中點連線段 $\overline{PQ}$ 為對稱軸之對稱圖形

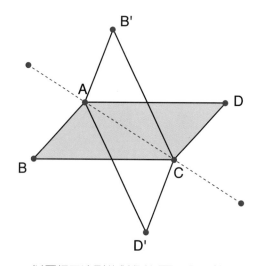

圖 3.3-6：以平行四邊形的對角線 $\overline{AC}$ 為對稱軸之對稱圖形

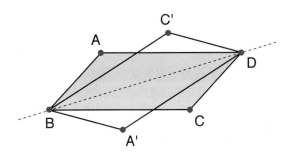

圖 3.3-7：以平行四邊形的對角線 $\overline{BD}$ 為對稱軸之對稱圖形

線對稱圖形之判斷要領

1. 先畫出線對稱圖形之**對稱軸**。

   在圖上找出可能對稱的兩點，做**兩點連線的垂直平分線**，若圖為線對稱圖形，則此線就是**對稱軸**。

2. 檢查圖形上的每一點在對稱軸之兩側等距離位置是否都有對稱點，若有，則此圖形是線對稱圖形。

   （若圖形可以拿起來對折，可以沿著對稱軸對折，檢查圖形是否會完全重疊，若完全重疊，則是線對稱圖形。）

例題 3.3-1

如圖3.3-8，△ABC是等腰三角形，$\overline{AB} = \overline{AC}$，△ABC是線對稱圖形嗎？如果是，畫出其對稱軸，並指出B點的對稱點為何？

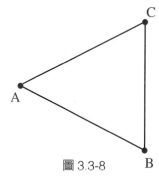

圖 3.3-8

(1) 若一個圖形是線對稱圖形，則沿著對稱軸對折，圖形會完全重疊

(2) 點在對稱軸的對側與對稱軸等距離的點稱為此點的對稱點

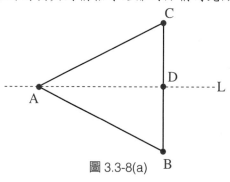

圖 3.3-8(a)

敘述	理由
(1) 假設L為∠BAC的角平分線，如圖3.3-8(a)，則L⊥$\overline{BC}$ 且 $\overline{BD} = \overline{CD}$	已知△ABC是等腰三角形，$\overline{AB} = \overline{AC}$ & 等腰三角形頂角平分線垂直平分底邊
(2) 在△ABD與△ACD中， $\overline{BD} = \overline{CD}$ ∠B = ∠C $\overline{AB} = \overline{AC}$	如圖3.3-8(a)所示 由(1) $\overline{BD} = \overline{CD}$ 已知△ABC是等腰三角形，$\overline{AB} = \overline{AC}$ 已知 $\overline{AB} = \overline{AC}$
(3) △ABD ≅ △ACD	由(2) & 根據S.A.S.三角形全等定理
(4) △ABC為線對稱圖形，且L為其對稱軸	由(3) & △ABC沿著L對折，圖形會完全重疊
(5) B點的對稱點為C點	由(4) L為其對稱軸 & (1) L⊥$\overline{BC}$ 且 $\overline{BD} = \overline{CD}$

例題 **3.3-2**

判別下列各圖形是否為線對稱圖形，並畫出其所有的對稱軸。

(A)　　　　　　　(B)　　　　　　　(C)　　　　　　　(D)

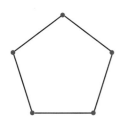　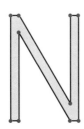　　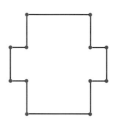

圖 3.3-9(a)　　　圖 3.3-9(b)　　　圖 3.3-9(c)　　　圖 3.3-9(d)

 想法　若一個圖形是線對稱圖形，則沿著對稱軸對折，圖形會完全重疊

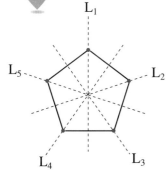　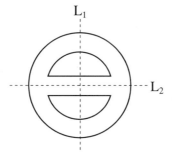　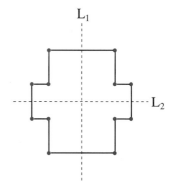

圖 3.3-9(a-1)　　　圖 3.3-9(c-1)　　　圖 3.3-9(d-1)

敘述	理由
(1) 選項(A)為線對稱圖形，如圖 3.3-9(a-1)，L_1、L_2、L_3、L_4、L_5為其對稱軸	圖3.3-9(a-1)中，分別沿著 L_1、L_2、L_3、L_4、L_5對折，圖形完全重疊
(2) 選項(B)不是線對稱圖形	無對稱軸
(3) 選項(C)為線對稱圖形，如圖 3.3-9(c-1)，L_1、L_2為其對稱軸	圖3.3-9(c-1)中，分別沿著L_1、L_2對折，圖形完全重疊
(4) 選項(D)為線對稱圖形，如圖 3.3-9(d-1)，L_1、L_2為其對稱軸	圖3.3-9(d-1)中，分別沿著L_1、L_2對折，圖形完全重疊

定義 3.3-2

點對稱圖形

若有　點O（不　定在圖上），使圖形上的每一點在與O點連線的對側上等距離的位置都有一點與之對稱，則叫此圖為對稱O點之**點對稱圖形**或稱簡為**點對稱圖形**，稱O點為對稱圖形的「**對稱中心**」。

若一個圖形是點對稱圖形，則以**對稱中心**為旋轉中心，旋轉 180度後，會與原來圖形重合。

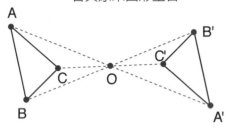

圖 3.3-10 點對稱圖形

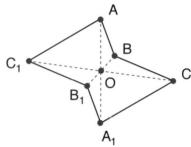

圖 3.3-11 點對稱圖形

常見之點對點稱圖形有：正方形、長方形、平行四邊形、正六邊形、圓形，　等。

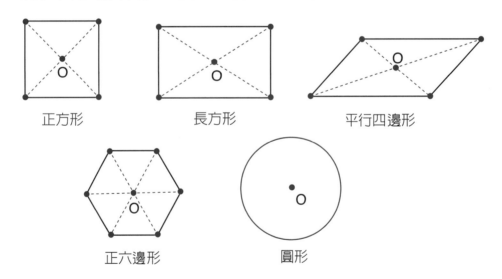

正方形　　　長方形　　　平行四邊形

正六邊形　　　圓形

圖 3.3-12

點對稱圖形之判斷要領

1. 先畫出點對稱圖形之**對稱中心**。

　在圖上找出可能對稱的兩點，做**兩點連線的中點**，若圖形為點對稱圖形，則此點就是**對稱中心**。

2. 檢查圖形上的每一點，在點與對稱中心連線之對側等距離位置是否都有對稱點，若有，則此圖形是點對稱圖形。

習題 3-3

習題3.3-1 下列各圖形中，哪些是線對稱圖形？_____

(A)

圖 3.3-13(a)

(B)

圖 3.3-13(b)

(C)

圖 3.3-13(c)

(D)

圖 3.3-13(d)

(E)

圖 3.3-13(e)

(F)

圖 3.3-13(f)

(G)

圖 3.3-13(g)

(H)

圖 3.3-13(h)

(I)

圖 3.3-13(i)

(J)

圖 3.3-13(j)

(K)

圖 3.3-13(k)

(L)

圖 3.3-13(l)

習題3.3-2　下列各圖形哪一個的對稱軸超過一條？＿＿＿＿＿＿＿＿

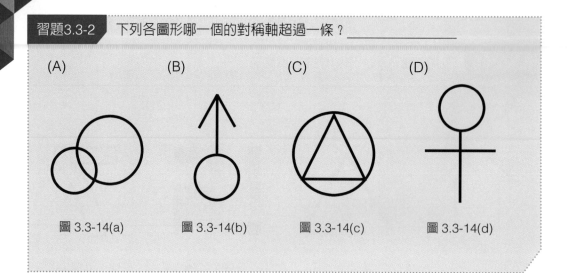

(A)　　　　　　(B)　　　　　　(C)　　　　　　(D)

圖 3.3-14(a)　　圖 3.3-14(b)　　圖 3.3-14(c)　　圖 3.3-14(d)

習題3.3-3　畫出下列圖形的所有對稱軸：

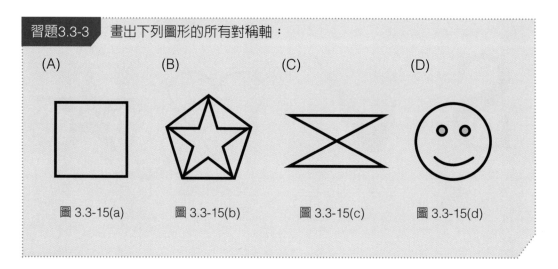

(A)　　　　　　(B)　　　　　　(C)　　　　　　(D)

圖 3.3-15(a)　　圖 3.3-15(b)　　圖 3.3-15(c)　　圖 3.3-15(d)

習題3.3-4　直角三角形都是線對稱圖形嗎？哪一種直角三角形是線對稱圖形？

習題3.3-5　如圖3.3-16，將一張長方形色紙對摺後，剪出一個字母 F，則展開後的圖形為下列何者？

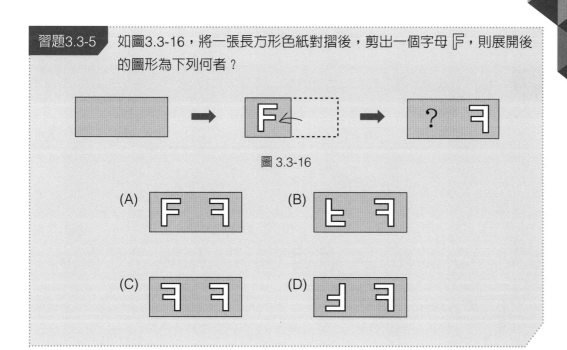

圖 3.3-16

(A) ~ (D) 選項圖形

本章重點

本章介紹直線與直線關係的兩個重要性質：垂直與平行。

1. 線段的垂直線性質。

2. 線段的垂直平分線性質。

3. 線上一點與線外一點的垂直線性質。

4. 定義線與線相交形成的各種角的名詞：內角、外角、同位角、內錯角、外錯角、同側內角、同側外角等。

5. 平行線的相關性質：

　(1) 同時垂直一直線的兩線平行。

　(2) 平行線必同時垂直同一直線。

　(3) 兩平行線間的距離處處相等。

　(4) 平行線的內錯角性質。

　(5) 平行線的外錯角性質。

　(6) 平行線的同位角性質。

　(7) 平行線的同側內角性質。

6. 線對稱圖形與點對稱圖形。

 進階思考題

1 已知：如圖 3.1，$L_1 \parallel L_2$，$\overline{AB} \parallel \overline{CD}$。
證明：$\angle 1 + \angle 2 + \angle 3 + \angle 4 = 360°$。

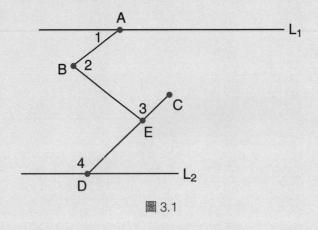

圖 3.1

2 如圖 3.2，$L_1 \parallel L_2$，求：
(1) $\angle 1 = $ _____ 度。　　(2) $\angle 2 = $ _____ 度。　　(3) $\angle 3 = $ _____ 度。

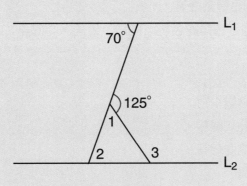

圖 3.2

3 如圖3.3，$L_1 /\!/ L_2$，則∠1=_____度。

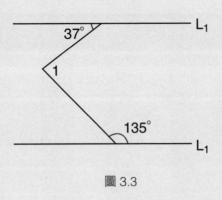

圖 3.3

4 如圖3.4，$L_1 /\!/ L_2$，若 $\overline{AB} \perp \overline{BC}$，則∠BCD=_____度。

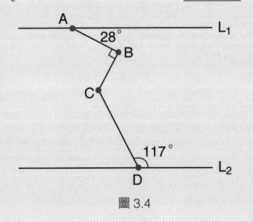

圖 3.4

5 如圖3.5，$L_1 /\!/ L_2$，∠1＝$(3x-25)$°，∠2＝$(4x-13)$°，
則x=_____。

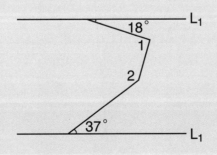

圖 3.5

6 如圖 3.6，L // M，求 y = _____ 度。

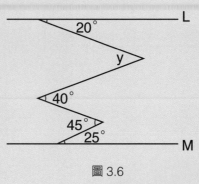

圖 3.6

7 如圖3.7，L // M，且∠1 = ∠2，∠3 = ∠4，∠B = 40°，求∠ADC = _____ 度。

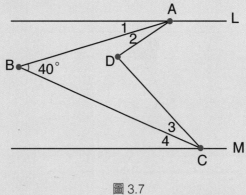

圖 3.7

8 如圖3.8，已知L₁ // L₂，M和N都是L₁和L₂的截線，且∠1 = (8x+6)°，∠2 = (2x+19)°，則：

(1) x = _____ 。

(2) ∠3 = _____ 度。

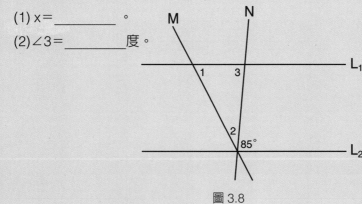

圖 3.8

9 如圖3.9，L_1 // L_2，△ABC為正三角形，∠1＝80°，則x＝＿＿＿＿＿＿度，y＝＿＿＿＿＿度。

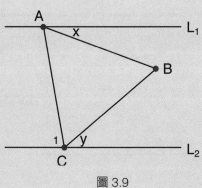

圖 3.9

10 如圖3.10，L_1 // L_2，∠BAC＝18°，∠ABC＝20°，則x＝＿＿＿＿＿度。

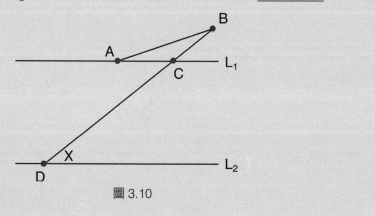

圖 3.10

11 如圖3.11，L_1 // L_2，∠ABC＝95°，∠1＝28°，∠CDE＝67°，則x＝＿＿＿＿度，y＝＿＿＿＿度。

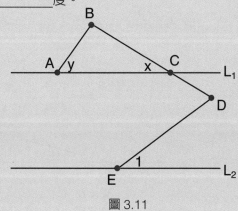

圖 3.11

12 如圖3.12，$\overline{AB}//\overline{DC}$，則x＝_____，y＝_____，∠BEC＝_____度。

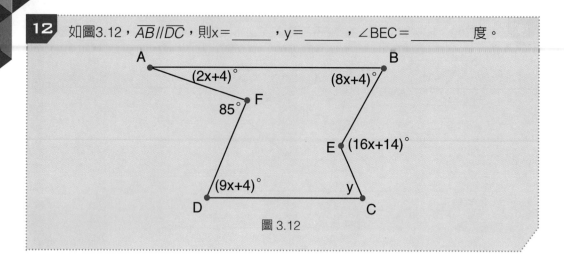

圖 3.12

13 如圖3.13，$L_1 // L_2 // L_3$，則x＝_____度。

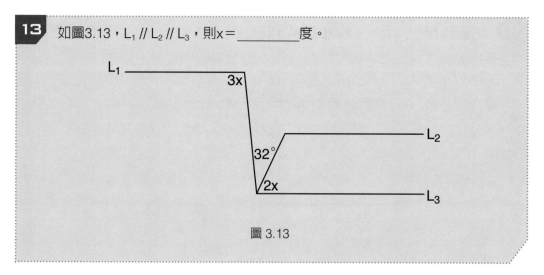

圖 3.13

14 如圖3.14，$L_1 // L_2$，則∠1＝_____度。

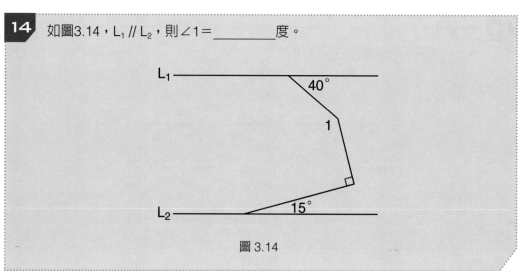

圖 3.14

15 如圖3.15，$\overline{AB}/\!/\overline{CD}$，E、F分別在$\overline{AB}$與$\overline{BD}$上，求∠1。

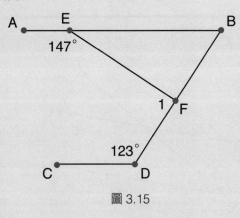

圖 3.15

16 如圖3.16，直線$L_1/\!/L_2$，A、B在L_1上，C、D、E在L_2上，求∠1、∠2。

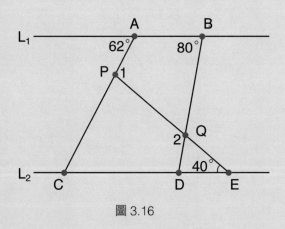

圖 3.16

17 如圖3.17，$\overline{AB}//\overline{DE}$，$\overline{BC}//\overline{EF}$，∠B＝30°，則∠E＝_____度。

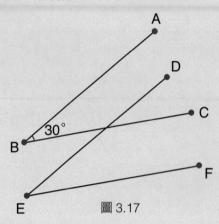

圖 3.17

18 如圖3.18，$\overline{AB}//\overline{DE}$，$\overline{FE}//\overline{BC}$，∠B＝42°，則∠E＝_____度。

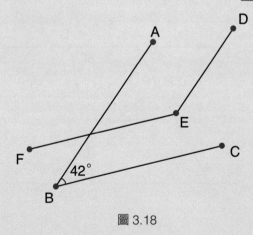

圖 3.18

19 如圖3.19，$\overline{AB} /\!/ \overline{EF}$，$\overline{BC} /\!/ \overline{DE}$，∠E＝80°，則∠B＝_____度。

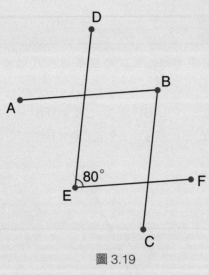

圖 3.19

20 如圖3.20，$\overline{AB} \perp \overline{DE}$，$\overline{BC} \perp \overline{EF}$，∠B＝37°，則∠E＝_____度。

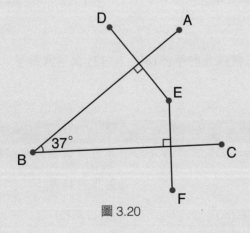

圖 3.20

歷年基測題目

1

圖3.21中有直線L截兩直線L_1、L_2後所形成的八個角。由下列哪一個選項中的條件可判斷$L_1 // L_2$？ 〔98-1〕

(A) $\angle 2 + \angle 4 = 180°$ (B) $\angle 3 + \angle 8 = 180°$

(C) $\angle 5 + \angle 6 = 180°$ (D) $\angle 7 + \angle 8 = 180°$

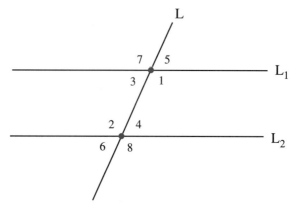

圖 3.21

 解答   (B) $\angle 3 + \angle 8 = 180°$

 想法   (1) 平行線同側內角和等於180°   (2) 對頂角相等

 解答說明

敘述	理由
(1)$\angle 3 + \angle 2 = 180°$	平行線同側內角和等於180°
(2)$\angle 2 = \angle 8$	對頂角相等
(3)$\angle 3 + \angle 8 = 180°$	由(1) & (2)

2

如圖3.22，長方形ABCD中，以A為圓心，$\overline{AD}$長為半徑畫弧，交$\overline{AB}$於E點。取$\overline{BC}$的中點為F，過F作一直線與$\overline{AB}$平行，且交$\overparen{DE}$於G點。求∠AGF＝？

(A) 110°　　(B) 120°　　(C) 135°　　(D) 150°　　　　〔98-1〕

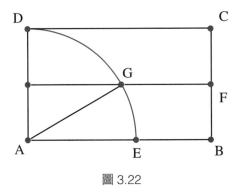

圖 3.22

 解答 (D) 150°

 想法 (1) 正三角形之三內角相等　　(2) S.A.S.三角形全等定理

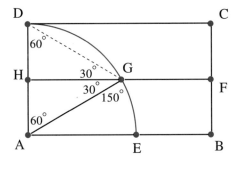

圖 3.22(a)

解答
說明

敘述	理由
(1) 連接D點與G點，如圖3.22(a)	兩點可決定一直線
(2) $\overline{AD}=\overline{AG}$	同圓的半徑相等
(3) ∠ADG＝∠AGD	△ADG為等腰三角形，兩底角相等
(4) $\overline{AH}=\overline{DH}$	過平行四邊形一邊中點之平行線交於對邊中點（平行四邊形性質於第六章會再詳細證明）
(5) ∠AHG＝∠DHG＝90°	長方形之每一角為90°，平行線之同位角相等
(6) $\overline{HG}$＝HG	同線段相等
(7) △AHG ≅ △DHG	由(4)(5)(6)，S.A.S.全等三角形定理
(8) ∠HGA ＝∠HGD	全等三角形對應角相等
(9) ∠HDG＝∠HAG ∠ADG＝∠DAG	全等三角形對應角相等 同角相等∠HDG＝∠ADG， ∠HAG＝∠DAG
(10) ∠ADG＝∠AGD＝∠DAG	由(3) & (9)
(11) ∠ADG ＝∠AGD ＝∠DAG ＝60°	△ADG中三角相等，故每一角為60°（三角形內角和180°性質在第四章會再詳細介紹）
(12) ∠AGD＝∠HGA ＋∠HGD ＝60° 2∠HGA＝60° ∠HGA＝30°	全量＝全部分量和 由(8)
(13) ∠AGF＋∠HGA ＝180° ∠AGF＝180°－∠HGA ＝180°－30°＝150°	全量＝全部分量和 等量減法公理 由(12)∠HGA＝30°

如圖3.23，將四邊形鐵板ABCD（四個內角均不為直角）平放，沿$\overline{CD}$畫一直線 L，沿$\overline{AD}$畫一直線M。甲、乙兩人想用此鐵板，在M的另一側畫一直線L₁與L平行，其作法分別如下：〔95-1〕

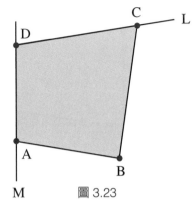

圖 3.23

甲：如圖3.23(a)，將鐵板翻至M的另一側，下移一些並將$\overline{AD}$緊靠在直線M上，再沿$\overline{CD}$畫一直線L₁，如圖3.23(b)。

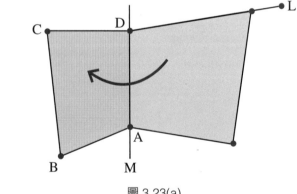

圖 3.23(a)

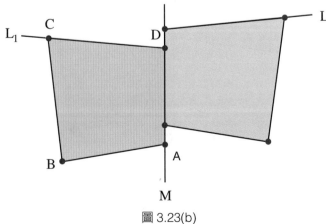

圖 3.23(b)

乙：如圖3.23(c)，將鐵板轉動到M的另一側，下移一些並將$\overline{AD}$緊靠在直線
M上，再沿$\overline{CD}$畫　直線L_1，如圖3.23(d)。

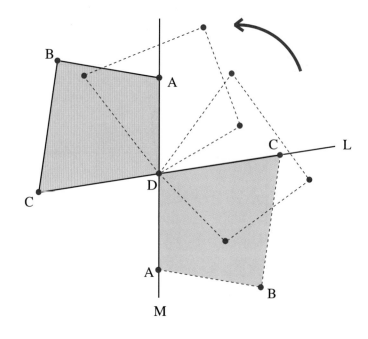

圖 3.23(c)

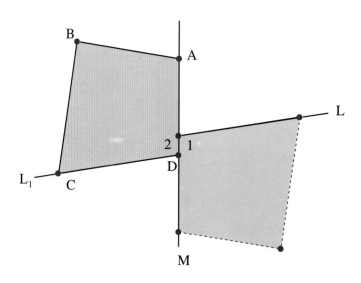

圖 3.23(d)

對於兩人的作法，下列判斷何者為正確？
(A) 兩人都正確 (B) 兩人都錯誤 (C)甲正確、乙錯誤 (D) 甲錯誤、乙正確

 解答

(D) 甲錯誤、乙正確

 想法

內錯角相等之兩線平行。

 解答說明

敘述	理由
(1)∠1＝∠2	同角相等，∵∠2是∠1旋轉再平行得來，旋轉、平行都不會改變角的大小。
(2)L₁∥L ∴乙正確	內錯角相等之兩線平行

4

如圖3.24，L是L_1與L_2的截線。找出∠1的同位角，標上∠2，找出∠1的同側內角，標上∠3。下列何者為∠1、∠2、∠3正確的位置圖？　〔92-1〕

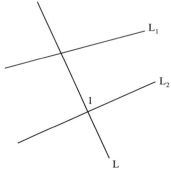

圖 3.24

(A)
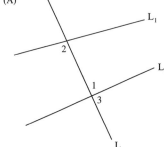

(B)
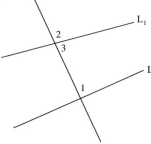

(C)
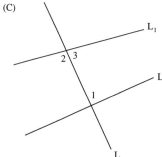

(D)
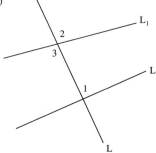

 解答 (B)

 想法
(1) 同位角定義
(2) 同側內角定義

解答說明

敘述	理由
答案選**(B)**	同位角定義、同側內角定義

國家圖書館出版品預行編目(CIP)資料

專門用來打好幾何基礎的數學課本 /
財團法人博幼社會福利基金會著. -- 二版. --
臺北市：五南, 2017.02
　　面；　公分
ISBN 978-957-11-9018-1（第1冊：平裝）
1.數學教育　2.中等教育

524.32　　　　　　　　　106000010

ZD01

專門用來打好幾何基礎的數學課本 1

作　　　者－財團法人博幼社會福利基金會（499）

發 行 人－楊榮川

總 經 理－楊士清

總 編 輯－楊秀麗

副總編輯－王正華

責任編輯－金明芬

封面設計－陳翰陞

出 版 者－五南圖書出版股份有限公司

地　　　址：106臺北市大安區和平東路二段339號4樓

電　　　話：（02）2705-5066

傳　　　真：（02）2706-6100

網　　　址：https://www.wunan.com.tw

電子郵件：wunan@wunan.com.tw

劃撥帳號：01068953

戶　　　名：五南圖書出版股份有限公司

法律顧問：林勝安律師事務所　林勝安律師

出版日期：2014年7月初版一刷
　　　　：2017年2月二版一刷
　　　　：2022年8月二版四刷

定　　　價：新臺幣400元整